八段锦

 五禽戏

 易筋经

 太极拳

 六字诀

周庆海 主编

化学工业出版社
·北京·

本书将八段锦、五禽戏、易筋经、太极拳、六字诀5套功法全部收录，通过图文结合对每一招、每一式详细讲解，并针对易犯错误给予提醒和纠正，使每一位爱好者都能够更加规范、科学地习练，每天几分钟，循序渐进，最终达到强身健体、延年益寿的养生功效。本书适合广大健身爱好者参考阅读。

图书在版编目（CIP）数据

传统健身功法：八段锦　五禽戏　易筋经　太极拳　六字诀/周庆海主编．
北京：化学工业出版社，2018.1　（2024.11重印）
ISBN 978-7-122-30787-3

Ⅰ.①传…　Ⅱ.①周…　Ⅲ.①八段锦-基本知识②五禽戏（古代体育）-基本知识③易筋经（古代体育）-基本知识④太极拳-基本知识⑤气功-健身运动-基本知识　Ⅳ.①G852.9②R214

中国版本图书馆CIP数据核字（2017）第253428号

责任编辑：邱飞婵　　　　　　　　　　　　文字编辑：李　曦
责任校对：边　涛　　　　　　　　　　　　装帧设计：史利平

出版发行：化学工业出版社（北京市东城区青年湖南街13号　邮政编码100011）
印　　装：北京缤索印刷有限公司
880mm×1230mm　1/24　印张11　字数327千字　2024年11月北京第1版第7次印刷

购书咨询：010-64518888　　　　　　　　　售后服务：010-64518899
网　　址：http://www.cip.com.cn
凡购买本书，如有缺损质量问题，本社销售中心负责调换。

定　　价：49.80元　　　　　　　　　　　　　　　　　　　　版权所有　违者必究

编写人员

主　编：周庆海

编　者：（以姓氏笔画为序）

丁　雪　于冬晴　王文静　王艳娥　王晓楠　付亚娟　宁天天
孙雪松　李　娜　李佳兴　杨利荣　吴朋超　宋焱煊　张　灿
张云廷　张玲玮　陈宇婧　陈雨溪　陈国锐　周庆海　姜　茵
盛利强　崔　颖　康翠苹　寇乾坤　董维维

前言

八段锦从北宋起广为流传，历经千年，经久不衰。其实，八段锦是古人编创的由八节不同动作组成的一套医疗、康复体操。现代研究也证实，八段锦对神经系统、心血管系统、消化系统、呼吸系统及运动器官都有良好的调节和改善作用。此外，八段锦动作简单，易记易学，适合男女老少不同人群习练。现在很多人都会做的广播体操就是起源于八段锦。

五禽戏是东汉名医华佗将虎、鹿、熊、猿、鸟五种动物的生活习性与传统中医学相结合所编成的一套健身功法。现代医学研究证明，五禽戏具有陶冶心境、舒展全身肌肉关节、提高心肺功能、改善心肌供氧量、促进组织器官正常发育的功效。

易筋经源自我国古代秦汉的引导术，唐宋年间被少林僧侣改编，明代开始流传于社会。其动作简单、舒缓，形态优美，可以改善人体肌肉、神经系统，疏通血脉，调节人体平衡，促进身体健康。特别适合中老年人习练。

太极拳以慢生柔，以匀求活，柔极生刚，刚柔相济，是一种既可防身制敌，又可增强体质、祛除疾病的传统国术。24式太极拳由杨氏太极拳简化而来，比传统的太极拳更简单、更精炼，且同样具有疏经活络、调和气血、营养脏腑、强筋壮骨的功效。

六字诀，又称六字气诀，是我国古代流传下来的一种以呼吸吐纳为主要手段的传统养生健身功法。通过呼吸导引，充分诱发和调动脏腑能力来抵抗疾病的侵袭，预防过早衰老。

本书将以上5套功法全部收录，通过图文结合对每一招、每一式详细讲解，并针对易犯错误给予提醒和纠正，使每一位爱好者都能够更加规范、科学地习练，每天几分钟，循序渐进，最终达到强身健体、延年益寿的养生功效。

编者

2017年8月

目录

第一篇　文朴武雅　治病益身　八段锦

第一章　千年魅力八段锦
八段锦的起源 / 2
不同类型的八段锦 / 3
八段锦的习练特点 / 3
神奇的养生效果 / 4
八段锦的习练指南 / 5
八段锦的基本动作 / 6

第二章　站式八段锦
预备势 / 7
第一式　双手托天理三焦 / 9
第二式　左右开弓似射雕 / 11
第三式　调理脾胃须单举 / 15
第四式　五劳七伤往后瞧 / 17
第五式　摇头摆尾去心火 / 20
第六式　两手攀足固肾腰 / 24
第七式　攒拳怒目增力气 / 28
第八式　背后七颠把病消 / 32
收势 / 34

第三章　坐式八段锦
坐式八段锦的基本要领 / 36
坐式八段锦口诀总记 / 36
分步图解坐式八段锦 / 37
干沐浴 / 37
转眼睛 / 41
击齿 / 41
漱口 / 41
敲玉枕 / 42
揉腹 / 42
搓腰眼 / 43
搓脚心 / 43

第二篇　熊经鸟伸　调理身心　五禽戏

第四章　形神俱备五禽戏
五禽戏的起源和发展 / 45
五禽戏的习练特点 / 46
神奇的养生效果 / 47
五禽戏的习练要领 / 48
五禽戏的习练指南 / 49
五禽戏的基本动作 / 49

第五章　轻松习练五禽戏
预备势　调息凝神 / 52

第一戏　虎戏 / 54
第一式　虎举 / 54
第二式　虎扑 / 57

第二戏　鹿戏 / 63
第三式　鹿抵 / 63
第四式　鹿奔 / 67

第三戏　熊戏 / 71
第五式　熊运 / 71
第六式　熊晃 / 74

第四戏　猿戏 / 78
第七式　猿提 / 78
第八式　猿摘 / 81

第五戏　鸟戏 / 86
第九式　鸟伸 / 86
第十式　鸟飞 / 90

收势　引气归元 / 94

第三篇　源远流长　刚柔相济　易筋经

第六章　源远流长易筋经
易筋经的起源和发展 / 98
神奇的养生效果 / 99
易筋经的习练特点 / 100
易筋经的习练指南 / 100
易筋经的基本动作 / 101

第七章　分步图解易筋经
预备势 / 104
第一式　韦驮献杵第一势 / 105
第二式　韦驮献杵第二势 / 107
第三式　韦驮献杵第三势 / 109
第四式　摘星换斗势 / 111
第五式　倒拽九牛尾势 / 114
第六式　出爪亮翅势 / 116
第七式　九鬼拔马刀势 / 118
第八式　三盘落地势 / 121
第九式　青龙探爪势 / 123
第十式　卧虎扑食势 / 126
第十一式　打躬势 / 130
第十二式　掉尾势 / 133
收势 / 136

第四篇 千年传承 24式修身养性 太极拳

第八章 寻根溯源话太极
太极拳的起源 / 139
太极拳的发展 / 139
太极拳的习练特点 / 142
神奇的养生功用 / 143
太极拳的习练指南 / 144
太极拳的基本动作 / 144

第九章 一招一式练太极
第一式　起势 / 147
第二式　左右野马分鬃 / 149
第三式　白鹤亮翅 / 152
第四式　左右搂膝拗步 / 154
第五式　手挥琵琶 / 157
第六式　左右倒卷肱 / 159
第七式　左揽雀尾 / 162
第八式　右揽雀尾 / 166
第九式　单鞭 / 171
第十式　云手 / 173
第十一式　单鞭 / 176
第十二式　高探马 / 178
第十三式　右蹬脚 / 180
第十四式　双峰贯耳 / 182
第十五式　转身左蹬脚 / 184
第十六式　左下势独立 / 187
第十七式　右下势独立 / 190
第十八式　左右穿梭 / 192
第十九式　海底针 / 195
第二十式　闪通臂 / 197
第二十一式　转身搬拦捶 / 199
第二十二式　如封似闭 / 202
第二十三式　十字手 / 204
第二十四式　收势 / 206

第五篇　吐纳养生　呼吸引导　六字诀

第十章　呼吸养生六字诀

六字诀的起源和发展 / 209

关于六字诀的脏腑归属 / 210

六字诀的功法特点 / 211

六字诀的神奇功效 / 211

六字诀的习练指南 / 212

如何提高六字诀的习练效果 / 213

基本口型和手型 / 214

第十一章　轻松习练六字诀

预备势 / 216

起势 / 217

第一式　嘘字诀 / 220

第二式　呵字诀 / 224

第三式　呼字诀 / 231

第四式　呬字诀 / 234

第五式　吹字诀 / 239

第六式　嘻字诀 / 245

收势 / 251

文朴武雅　治病益身

八段锦

第一篇

第一章　千年魅力八段锦

八段锦的起源

八段锦并不是一种拳术，而是一种十分优秀的养生健身功法，其动作古朴优雅，由八节动作组成，因而得此名。八段锦大约形成于12世纪，分为站式八段锦和坐式八段锦。站式八段锦又称武八段，多为马步式或直立式，俗称北派，多适合青壮年与体力充沛者习练；坐式八段锦又称文八段，多用坐式，注重凝神行气，俗称南派，适合年老体弱者习练。

八段锦历史悠久，流传广泛，由于其简单易学，深受人民群众喜爱。对于八段锦的起源，在东晋许逊的《灵剑子》一书中有关于其锻炼方法的记载。但最早出现"八段锦"名目的是宋代洪迈所著的《夷坚志》一书。因此大部分人认为八段锦是在宋朝时编创的。

实际上，据史料记载，健身气功八段锦的起源可以追溯到远古时代。相传在4000多年前，中原大地洪水泛滥，百姓因长期遭受雨水潮湿之害，导致筋骨萎缩不健壮，气血瘀滞而不通。这时，一位智者发明了一种"舞"来治疗这些疾病。慢慢地，这种神奇的舞蹈便演变成了我们所称的导引术，就是现代所称的八段锦。

有史料写道，八段锦是由岳飞将军见当时宋朝兵将远离家乡八千里，士气低落，为了加强体能、提高士气，于是命一位姓牛的将军拟定的一套功夫，集体操练。此套功夫由八个动作组成，故曰八段锦。

其实，直到今天，八段锦究竟为何人、何时所创，尚无定论。但可以得知的是：八段锦是历代养生家和习练者共同研究、编创而成的，是众人的智慧和劳动的结晶。

八段锦简单易学，安全可靠，适合于男女老少各种人群，长期习练，可健身祛病、增智开慧。新中国成立后，党和政府对民族体育事业高度重视，于20世纪50年代后期，先后出版了唐豪、马凤阁等人编著的《八段锦》一书。随之，习练八段锦的群众大大增加，到20世纪80年代初，"八段锦"作为民族传统体育项目进入了大专院校，极大地推动和发展了八段锦的理论与内涵。到现在，八段锦经过更为细致的研究和改编，已成为普通老百姓的养生健身功法，并日趋大众化。

不同类型的八段锦

1. 依习练形式分

八段锦根据习练方式的不同，分为站式八段锦和坐式八段锦。顾名思义，两者的主要区别在于——站立习练和静坐习练。八段锦在其发展演变过程中，无论哪一时期，无论哪一流派，始终没有脱离以形体锻炼为主的习练特点。它通过对肢体的运动，从而达到疏经通络、调理气血、强壮筋骨等作用。由于站式八段锦比坐式八段锦流传及应用更为广泛，影响较大，所以本书以站式八段锦为主。

2. 依地域划分

八段锦根据不同的地域可分为南、北两派。南派多以坐式动作为主，且习练时动作柔和缓慢，刚柔相济；北派多以蹲马步为主，动作以刚武有劲为主。实际上，不论是文八段还是武八段，显著的区别在于精气神的贯注点不同。

3. 依功能划分

八段锦根据不同的功能可分为健身八段锦、祛病八段锦和养生八段锦三类。其中，健身八段锦的习练重点在于壮力；祛病八段锦也称坐式八段锦，其对应着机体的五脏六腑，不同的习练动作可治疗不同的病症，因此具有很好的祛邪祛疾功效；养生八段锦的习练宗旨与以上两者都不同，其目的在于提高体质，延年益寿。由于其动作简单，方法易记，流传较广，所以本书以养生八段锦为主。

八段锦的习练特点

1. 柔和缓慢，行云流水

柔和，即动作不僵硬、动作轻松自如，舒展大方；缓慢，即身体重心平稳，虚实分明；行云流水，即习练时忌直上直下、直来直去，应注意动作的虚实变化和姿势转换间的上下相随、节节贯穿。初学者应先求动作方整，再求动作圆活、柔和缓慢，最后体会动静相兼。

2. 松紧相兼，动静相宜

松，即习练时肌肉、关节、神经系统等处于放松状态；紧，即习练时可适当用力，急缓相配，尤其是在动作的衔接转换处；动，即通过意念的引导，身体动作需轻灵自然，节节贯穿；静，即习练动作从外在看略有停顿，但实际上肌肉还保持内力，内劲依旧在牵引拉伸。

3. 形神合一，意气相和

习练八段锦时，意念活动不是守一，而是在不同的习练阶段，有意想不同的习练过程。练功初期，意念活动的重点在于习练提示和动作规范上，要求动作正确，路线明确；在练功的提高阶段，意念活动主要在动作的风格特点和呼吸配合上，要提高习练质量；在功法熟练阶段，意念也会随呼吸、动作的协调而越来越自然，从而逐渐达到形神合一，意气相和。

神奇的养生效果

八段锦不仅动作优美，还可以保健养生，因此也是一套较好的医疗康复体操。

1. 调理身心，防治心脑血管疾病

八段锦的动作柔和而舒缓，利于身体充分放松，精神调节。坚持习练，利于舒展筋脉、活血通络、养气壮力。现代研究已证实，通过习练八段锦，人体血管弹性可明显改善，心肌收缩更加有力。此外，八段锦的基础姿势之一即为站桩。研究表明，适量的站桩可提高腿部力量和平衡能力，加速下肢血液回流到躯干和头颈，从而使心、脑、肾等重要器官的血液循环增强，达到预防心脑血管疾病的效果。

2. 疏通气血，防治关节筋骨疾病

习练八段锦要求松中有紧、紧中有松。松与紧的协调配合、频繁转换，有助于机体的阴阳协调，还可润滑关节、流通气血、强壮筋骨。坚持习练，可防治关节筋骨疾病。

3. 整体调节，锻炼全身

习练八段锦时，基本是由脊柱来指挥的，即以脊柱为中心，带动全身运动。由于支配肢体脏腑的神经根分布在脊柱两侧，因此脊柱有人体"第二生命线"的美称。八段锦通过对脊柱的拉伸旋转、刺激、疏通任督二脉，从而具有整体调节、锻炼全身的效果。

总之，八段锦除有较好的强身益寿作用外，对于头痛、眩晕、肩周炎、腰腿痛、消化不良、神经衰弱诸症也有很好的防治作用。现代人工作紧张、缺乏锻炼，经常感到四肢无力、腰酸背痛、精神不佳，如果坚持练习八段锦，可让工作效率大大提高，精神为之大振。

八段锦的习练指南

1. 习练时间
① 随时都可习练。但最好选择不宜被打断或中断的时间段。
② 习练一套八段锦一般只需15分钟左右，因而较易做完一整套的动作。

2. 习练场所
① 由于八段锦属徒手定步功法，因而没有场地限制，可随地习练。
② 如条件允许，最好选择空气新鲜、安静的地方习练。

3. 习练频率
① 一般情况下，习练八段锦一周应不少于5次，每次习练时间为15～30分钟。间隔休息2分钟为宜。
② 习练时需根据个人情况而定，尤其是初练者，对于难度较大的动作，可拆开或降低难度习练。

4. 习练要领
① 初练八段锦，要做到上体中正、下肢稳定；步型、步法、手型、手法清晰、准确、到位。
② 当习练进入熟悉阶段后，注意重心的转换、身体平衡的调节、腰肩的扭动及四肢的衔接等。总之，此阶段要求动作柔和缓慢、圆活连贯、上下相随、节节贯穿。
③ 在进入巩固阶段后，要求做到内外放松、思想宁静、专一练功的"三调合一"境界。
④ 习练八段锦时一般采用逆腹式呼吸法，即吸气时提肛、收腹、膈肌上升；呼气时松肛、松腹、膈肌下降。

5. 习练宜忌
① 练功衣要宽松，忌紧身服、高跟鞋。习练阶段注意补充营养。
② 练功中和练功后，避免风吹日晒，尤忌习练后冷水洗浴。
③ 初练者在时间上要注意"延长法"，即开始练习5分钟便可，随着动作熟练时间逐渐延长，一般在1周内延长到30分钟左右。
④ 如有患病，或出血、外伤等情况时，暂停练功。女性在月经期不宜练功。
⑤ 如练功中出现头晕、恶心等现象，应马上暂停练功。尤其是年老或体弱多病者更要注意时间的调节。
⑥ 收功时要慢慢进行，先散步1～3分钟，再轻轻活动筋骨，按摩头面，且收功后不宜立即做重体力活。

八段锦的基本动作

1. 基本手型

（1）拳 用拇指抵掐环指（无名指）根部指节内侧，其余四指弯曲收于掌心，即握固。

（2）掌

掌一：五指稍分开，微屈，掌心微含。

掌二：拇指与示指（食指）分开成八字状，示指竖起，其余三指的第1指节、第2指节屈收，掌心微含。

（3）爪 伸直手腕，五指并拢，将拇指第1指节及其余四指的第1指节、第2指节屈收扣紧。

2. 基本步型

马步：双腿平行开立，双脚之间的距离为本人脚长的2～3倍，然后下蹲，脚尖平行向前，勿撇。双膝向外撑，膝盖不能超过脚尖，大腿与地面平行，同时胯向前内收，臀部勿凸出。

第二章　站式八段锦

预备势

动作分解

动作1 双脚并拢站立，双臂自然垂于体侧，身体直立；目视前方。

动作2 松腰沉髋，身体重心随之移至右腿，左腿向左侧开步，脚尖朝前，双脚距离约与肩同宽；目视前方。

动作3 两臂内旋，双掌分别向两侧摆起，约与髋同高，掌心向后；目视前方。

动作4 两臂继续上起，两膝稍屈，两臂随即外旋，向前合抱于腹前呈圆弧形，约与脐同高，掌心向内，指尖相对，两掌距离约10厘米；目视前方。

习练口诀

两足分开平行站,横步要与肩同宽。
头正身直腰松腹,两膝微屈对足尖。
双臂松沉掌下按,手指伸直要自然。
凝神调息垂双目,静默呼吸守丹田。

习练提示

- 头向上顶,下颌略内收,舌抵上腭,双唇微闭;上体端正,沉肩坠肘,胸部宽舒,收髋敛臀。
- 徐徐呼吸,气沉丹田,调息6~9次。
- 习练时,保持全身肌肉、关节、韧带和内脏处于自然、舒展的状态。
- 外旋时,双臂动作呈抱球状,肩、肘、腕呈圆弧状。

错误动作

错误1 站立时,塌腰、八字脚。
正确练法 双脚平行站立,约与肩同宽,收髋敛臀,膝关节不超过脚尖。

错误2 双手呈抱球状时,拇指上翘,双腿呈"跪"状。
正确练法 拇指放平,指尖相对,双膝微屈。

健身功效

动作简单,具有凝神静心、调理五脏的功效,为后面的习练做准备。

第一式　双手托天理三焦

动作分解

动作1 接预备势。双臂外旋微下落，双手五指分开、交叉于腹前，掌心向上；目视前方。

动作2 两腿缓缓挺膝伸直，两掌随之上托至胸前，此时，双臂内旋向上托起，掌心向上；抬头；目视双手手背。

动作3 双臂继续上托，肘关节伸直，不耸肩，同时头摆正，下颌内收，动作略停；目视前方。

动作4 身体重心慢慢下降，两膝微屈，十指分开，两臂分别向体侧下落，两掌捧于腹前，掌心向上；目视前方。
习练注意：本式托举、下落为1遍，共做6遍。

习练口诀

十字交叉小腹前,翻掌向上意托天。
左右分掌拨云式,双手捧抱式还原。
式随气走要缓慢,一呼一吸一周旋。
呼气尽时停片刻,随气而成要自然。

习练提示

- 两掌上托时要打开身体,稍有停顿,保持拉伸,如伸懒腰。
- 两掌上撑时,力在掌根;肘关节伸直,不能弯曲。
- 两臂由体侧下落时,沉肩坠肘,由腰至胸、由胸至肩依次放松。

错误动作

错误　两掌上托时,抬头不够,且肘关节易弯曲。
正确练法　胸部扩展,腰腹伸张,仰头、目视手背,两臂举至头顶时,尽量伸直。

错误

健身功效

　　两手交叉上托,缓慢用力拉伸,可上调心肺,中调脾胃,下调肝肾,使习练者的脏腑器官得到舒展,并可调和气血运行;而拉长躯干与上肢各关节周围的肌肉、韧带及关节软组织,可防治肩部疾病、预防颈椎病。

第二式 左右开弓似射雕

动作分解

侧面图

动作1 接上式。身体重心右移，左脚向左侧横开一步，两腿伸直，同时双手向上交叉于胸前，手心向内，左手在外，右手在内；目视前方。

动作2 缓缓屈膝，身体下蹲成骑马步，右手屈指成爪，拉至肩前，同时左手成八字掌，左臂内旋，向左推出，约与肩同高，立腕，手心向左，整个动作就像拉弓射箭一般，稍停；目视左掌上方。

动作3 上体稍起，重心右移，同时右手五指展开成掌，向上、向右划弧至约与肩同高，指尖向上，掌心斜向前，左手指也展开成掌，掌心斜向后；目视右掌。

动作4 身体重心继续右移，左脚随即收回右脚内侧，并步站立，同时双掌分别由两侧下落，掌心向上，指尖相对，捧于腹前；目视前方。

动作5 身体重心左移，右脚向右侧横开一步，两腿伸直，同时双手向上交叉于胸前，手心向内，右手在外，左手在内；目视前方。

动作6 缓缓屈膝，身体下蹲成骑马步，左手屈指成爪，拉至肩前，同时右手成八字掌，右臂内旋，向右推出，约与肩同高，立腕，手心向右，整个动作就像拉弓射箭一般，稍停；目视右掌上方。

动作7 上体稍起，重心左移，同时左手五指展开成掌，向上、向左划弧至约与肩同高，指尖向上，掌心斜向前，右手指也展开成掌，掌心斜向后；目视左掌。

动作8 身体重心继续左移，右脚随即收回左脚内侧，并步站立，同时双掌分别由两侧下落，掌心向上，指尖相对，捧于腹前；目视前方。

习练注意： 此动作一左一右为1遍，共做3遍。

习练口诀

马步下蹲要稳健,双手交叉左胸前。
左推右拉似射箭,左手食指指朝天。
势随腰转换右式,双手交叉右胸前。
右推左拉眼观指,双手收回式还原。

习练提示

- 侧拉之手应五指并拢,臂约与肩平。
- 推出手成八字掌时,切记沉肩坠肘,屈腕竖指。
- 年老或体弱者可自行调整马步的高度,忌苛求完美。

错误动作

错误1　两手交叉于胸前时,常会犯端肩、弓腰、八字脚的错误。
正确练法　肩要沉、肘要坠;上体保持直立,不能前倾或后仰;两脚脚跟向外撑。

错误2　在做侧拉的动作时,身体前倾、两肩上耸。
正确练法　身体保持直立、放松,重心落于双脚;沉肩坠肘,打开胸腔。

健身功效

　　展肩扩胸,可刺激督脉和背部俞穴,坚持习练,可有效增加手臂和手部的肌肉力量,提高手腕及手指的灵活性。利于矫正不良姿势,比如驼背及肩内收等,对于肩颈疾病也有很好的治疗效果。

第三式　调理脾胃须单举

动作分解

动作1 接上式。两腿慢慢挺膝伸直，左掌随之上托，左臂经面前外旋上穿，随之内旋上举到头左上方，肘微屈，掌指向右，掌心向上，力达掌根，同时右掌微微上托，右臂随之内旋下按至右髋旁，肘微屈，掌指向前，掌心向下，力达掌根，稍停；目视前方。

动作2 松腰沉髋，重心缓缓下移，两腿微屈，同时左臂屈肘外旋，左掌随之经面前下落于腹前，掌心向上，右臂外旋，并向上捧于腹前，两掌掌心向上，指尖相对，距离约为10厘米；目视前方。

动作3 两腿慢慢挺膝伸直，右掌随之上托，右臂经面前外旋上穿，随之内旋上举到头右上方，肘微屈，掌指向左，掌心向上，力达掌根，同时左掌微微上托，左臂随之内旋下按至左髋旁，肘微屈，掌指向前，掌心向下，力达掌根，稍停；目视前方。

动作4 松腰沉髋，重心缓缓下移，两腿微屈，同时右臂屈肘外旋，右掌随之经面前下落于腹前，掌心向上，左臂外旋，并向上捧于腹前，两掌掌心向上，指尖相对，距离约为10厘米；目视前方。

习练注意：一左一右为1遍，共做3遍。

动作5 以上做3遍结束后，两腿微屈，同时右臂屈肘，右掌随之下按在右髋旁，掌指向前，掌心向下；目视前方。

习练口诀

双手重叠掌朝天，右上左下臂捧圆。
右掌旋臂托天去，左掌翻转至脾关。
双掌均沿胃经走，换臂托按一循环。
呼尽吸足勿用力，收式双掌回丹田。

习练提示

- 手掌上托时，力在掌根，舒胸展体，拔长腰脊。
- 双手争力时吸气，双手下落时呼气；手上举时吸气，手下沉时呼气。
- 肩周炎患者做这套动作时要缓慢，不可急速。

错误动作

错误1 左手上托、右手下按时，手臂僵硬，掌指方向不正确。
正确练法 习练时，身体挺拔拉长，舒展胸廓，以肩力带动双手上举或下按，同时肘关节保持自然弯曲，左掌掌心向上，掌指向右；右掌掌心向下，掌指朝前。

错误2 双手捧于腹前时，手指间距过大或过小。
正确练法 双手落于腹前，手指尖的距离约为10厘米。

健身功效

通过上肢的一松一紧、一上一下的对拉，可刺激腹、胸等部位的相关经络及穴位，达到调理脾胃、肝脏的作用。此外，还可锻炼脊柱内各椎骨间小关节及小肌肉，从而增强脊柱的灵活性和稳定性，起到预防肩颈疾病的功效。

第四式　五劳七伤往后瞧

动作分解

动作1 接上式。两腿缓缓挺膝伸直，同时双臂向两侧伸展，掌心向后，接着，两臂充分外旋，掌心向外，头向左后转，稍停；目视左斜后方。

动作2 松腰沉髋，重心缓慢下移，两膝微屈，同时两臂内旋两掌按于髋旁，掌心向下，指尖向前；目视前方。

动作3 两腿缓缓挺膝伸直，同时双臂向两侧伸展，掌心向后，接着，两臂充分外旋，掌心向外，头向右后转，稍停；目视右斜后方。

动作4 松腰沉髋，重心缓慢下移，两膝微屈，同时两臂内旋，两掌按在髋旁，掌心向下，指尖向前；目视前方。
习练注意：本式动作一左一右为1遍，共做3遍。

动作5 3遍结束后，两腿微屈，两掌随之捧于腹前，掌心向上，指尖相对；目视前方。

习练口诀

双掌捧抱似托盘,翻掌封按臂内旋。
头应随手向左转,引气向下至涌泉。
呼气尽时平松静,双臂收回掌朝天。
继续运转成右式,收式提气回丹田。

习练提示

- 头向上顶,肩向下沉,转头不转体。
- 配合呼吸法,头向后转时吸气,还原时呼气。
- 患有颈椎病者,做这一式时要循序渐进,转头动作不宜过快、幅度过大,如果病情较严重,慎做。

错误动作

错误1 双臂外旋时,上体前倾或后仰,且转头速度太快。
正确练法 双臂外旋时,足趾抓地,上体中正,头部均匀转动。

错误2 双掌下按时,手臂僵直,且掌指方向不对。
正确练法 双掌下按时,臂稍内旋,撑圆按于髋旁,掌心向下,指尖向前。

健身功效

上肢伸直、外旋、扭转的运动,可扩张牵拉胸腔、腹腔内脏,同时,"瞧"的转头动作可刺激颈部大椎穴,增加颈部及肩关节的运动幅度,可预防眼肌疲劳,防治肩、颈、背等部位疾病,还可改善血液循环,解除神经疲劳。

养生课堂

大椎穴:后正中线上,第7颈椎棘突下凹陷中。
五劳七伤:五劳,即五脏劳损,指心、肝、脾、肺、肾;七伤,即七情伤害,指喜、怒、悲、忧、恐、惊、思。

第五式 摇头摆尾去心火

动作分解

动作1 接上式。身体重心左移，右脚随之向右横迈一步，两腿膝关节自然伸直，两掌上托约与胸同高；目视前方。

动作2 两臂内旋，两掌继续上托至头上方，肘微屈，掌心向上，指尖相对；目视前方。

动作3 两腿慢慢屈膝并半蹲成马步，同时两臂向两侧下落，两掌扶于大腿上方，肘微屈，小指侧向前；目视前方。

动作4 身体重心稍上提，再慢慢右移，上半身先向右倾，随之俯身；目视右脚。

动作5 身体重心从右移向左，同时身体由右向前、向左旋转；目视右脚。

动作6 重心右移，同时头向后摇摆，上体尽量保持直立，下颌微收；目视前方。

动作7 身体重心稍上提，再慢慢左移，上半身先向左倾，随之俯身；目视左脚。

动作8 身体重心从左移向右，同时身体由左向前、向右旋转；目视左脚。

动作9 身体重心从右移向左，蹲成马步，同时上体直立，头向后摇，下颌微收；目视前方。
习练注意：动作7~9与动作4~6相同，唯方向相反；一左一右为1遍，共做3遍。

动作10 做完3遍后，身体重心再向左移，右脚收回，双脚成开立步，距离约与肩同宽；同时两掌向外经两侧上举，掌心相对；目视前方。

动作11 松腰沉胯，重心缓慢下移，两腿微屈，两掌经面前下按至腹前，掌心向下，指尖相对；目视前方。

习练口诀

马步扑步可自选，双掌扶于膝上边。
头随呼气宜向左，双目却看右足尖。
吸气还原接右式，摇头斜看左足尖。
如此往返随气练，气不可浮意要专。

习练提示

- 蹲马步时，忌上体前倾、塌腰、低头、翘臀，重心应在两腿之间。
- 摇转时，腰部力量引导上体进行移动，且脖颈和尾闾对拉伸长。
- 年老体弱及关节病患者，可根据个人情况调整习练难度。
- 配合呼吸法，头身向左后方（或右后方）摇时吸气；从后方向前摇时呼气。

错误动作

错误1 头部摇转时，脖颈僵硬、上体前倾幅度过大。
正确练法 颈部拉长、肌肉放松；如果身体以腰为轴俯身时，那么上体的前倾幅度与腿看似在一条直线上即可。

错误2 头部摇转时，膝直、塌腰、撅臀。
正确练法 如果是偏左弓步摇转头部时，左膝不超过脚尖，右膝保持自然弯曲，头部低于水平，颈部肌肉放松，从胸到腹都要有一种紧张感。

错误3 头向后摇摆时，往往头、尾不能同时规正。
正确练法 颈部后旋，尾闾前旋，颈部后旋的速度稍慢于尾闾前旋的速度即可。

健身功效

双腿下蹲，摆动尾闾，可刺激脊柱、督脉，利于疏经泻热、祛除心火。此外，摇头摆尾的动作还可加强颈、腰、髋等关节的灵活性和力量性。

养生课堂

尾闾：位于尾骨端与肛门之间。

第六式 两手攀足固肾腰

动作分解

背面图

动作1 接上式。两腿挺膝站立，同时两臂向前上方举起，掌心向前，肘关节伸直；目视前方。

动作2 两臂外旋至掌心相对，慢慢屈肘，两掌下按至胸前，掌心朝下，指尖相对；目视前方。

动作3 两臂外旋至两掌心朝上，然后两手顺腋下往后插，至背部停；目视前方。

侧面图

动作4 两掌由内沿脊柱两侧朝下摩运至臀部，上体随之前俯，两掌继续沿腿后向下摩运，过脚两侧置于脚面，抬头，稍停；目视前下方。

动作5 两掌沿地面前伸，手臂随之带动上体起立，两臂伸直向上举，掌心向前；目视前方。

习练注意：本式一上一下为1遍，做6遍。

动作6 做6遍结束后，松腰沉髋，重心缓慢下移，两膝微屈，同时两掌向前下按至腹前，掌心向下，指尖向前；目视前方。

习练口诀

两足横开一步宽，两手平扶小腹前。
平分左右向后转，吸气藏腰撑腰间。
式随气走定深浅，呼气弯腰盘足圆。
手势引导勿用力，松腰收腹守涌泉。

习练提示

- 两臂外旋，两手随之后插腋下时，动作要缓慢，全身放松。
- 反复摩运的动作要适当用力，到足面时切记需松腰沉肩，两膝挺直。
- 配合呼吸法，即手上举时吸气，身体前俯、握足时呼气；直腰后仰头时吸气，再直腰时呼气。
- 年老体弱或患病者，要根据自身情况灵活调整习练幅度，不可强求。

错误动作

错误1　两手往腋下后插时，容易塌腰撅臀、八字脚。
正确练法　身体自然直立，双脚脚尖朝前，脚跟稍向外撇。

错误2　反穿摩运的动作中，易低头、屈膝。
正确练法　头自然抬起；两膝挺直，如觉挺膝情况下摩运至足背难度较大，也可将双手悬空着完成后面的动作。

错误3　起身时，身先动，臂后跟。
正确练法　向上起身时要以臂带身。

健身功效

通过双臂的前屈后伸，可刺激脊柱、督脉及命门穴等，坚持习练，有助于防治泌尿生殖系统慢性病，达到固肾壮腰的作用。另外，对于肾、肾上腺及输尿管也有很好的刺激改善作用。

第七式 攒拳怒目增力气

动作分解

动作1 接上式。身体重心右移，左脚向左侧横跨一步，双腿屈膝，半蹲成马步，同时双手握拳，拳眼向上；目视前方。

动作2 左拳缓缓用力向前方击出，约与肩同高，拳眼朝上；瞪目，目视左拳击出的方向。

动作3 左臂内旋，左拳随之变为掌，虎口朝下；目视左掌。

动作4 左臂外旋，屈肘，同时左掌向左缠绕，变掌心向上后握拳；目视左拳。

动作5 屈肘，左拳回收、内旋至腰际，拳眼朝上；目视前方。

动作6 右拳缓缓用力向前方击出，约与肩同高，拳眼朝上；瞪目，目视右拳击出的方向。

动作7 右臂内旋，右拳随之变为掌，虎口朝下；目视右掌。

动作8 右臂外旋，屈肘，同时右掌向右缠绕，变掌心向上后握拳；目视右拳。

动作9 屈肘，右拳回收、内旋至腰际，拳眼朝上；目视前方。
习练注意：一左一右为1遍，共做3遍。

动作10 做3遍结束后，身体重心右移，左脚随之收回，双脚并步站立，同时两拳变掌，双手自然垂于体侧；目视前方。

习练口诀

马步下蹲眼睁圆，双拳束抱在胸前。
拳引内气随腰转，前打后拉两臂旋。
吸气收回呼气放，左右轮换眼看拳。
两拳收回胸前抱，收脚按掌式还原。

习练提示

- 拳出击时，要气发丹田、沉肩坠肘、力达拳面、怒目圆睁，目视拳头；拳收回时，要旋腕，五指用力抓握。
- 马步的高低可根据自身情况灵活掌握，尤其是年老体弱者或患病者。
- 配合呼吸法，左手出击时先吸气再呼气；左手收回右手出击时再吸气、呼气；收拳复原时要缓缓呼气。

错误动作

错误1　出拳时，上体前倾、端肩、掀肘。
正确练法　身体保持自然直立，沉肩屈肘，前臂贴肋向前送出，力达拳面。

错误2　拳回收时，抓握无力，旋腕不明显。
正确练法　保持精神集中，五指伸直，充分旋腕，再屈指用力握固。

健身功效

中医认为，"肝主筋，开窍于目"，而本式中的"怒目瞪圆"可刺激肝经，调理肝血，进而强健筋骨；两腿下蹲，双手攒拳、抓握、旋腕等动作可刺激手足经脉及穴位，长期习练，可使全身肌肉结实，气力增加。

第八式 背后七颠把病消

动作分解

侧面图

动作1 接上式。双脚脚后跟向上提起，头上顶，动作稍停；目视前方。

动作2 双脚脚跟向下落地，轻震地面；目视前方。

习练注意： 一起一落为1遍，共做7遍。

习练口诀

两腿并立撇足尖,足尖用力足跟悬。
呼气上顶手下按,落足呼气一周天。
如此反复共七遍,全身气走回丹田。
全身放松做颠抖,自然呼吸态怡然。

习练提示

- 脚跟提起时,两腿并拢,脚趾抓地,提肛收腹,沉肩坠肘。
- 脚跟下落时,咬牙,颤动身体,动作从容,落地后身体直立,垂臂收功。最好不要在地面太硬的地方习练,否则脚跟下落时容易震痛。
- 配合呼吸法,即脚跟提起时吸气,脚跟下落时呼气。

错误动作

错误1

错误1　脚跟上提时,易端肩且身体僵硬。
正确练法　两腿并拢,足趾抓地,提肛收腹,肩向下沉,百会上领。

错误2　脚跟落地时,牙开口张。
正确练法　松肩沉臂,双膝微屈,身体下落,上下牙齿咬合。

健身功效

　　足趾抓地,刺激足部经脉,可调节脏腑功能;颠足,刺激脊柱与督脉,畅通全身脏腑气血;颠足而后立,可锻炼小腿肌肉力量,提高人体平衡能力;落地震足,可刺激下肢及脊柱各关节,利于全身肌肉放松。

收势

动作分解

动作1 接上式。双臂内旋，朝两侧摆起，约与髋同高，掌心向后；目视前方。

动作2 两臂屈肘，两掌相叠于丹田处（男左手在内，女右手在内）；目视前方。

动作3 两臂自然下垂，两掌轻贴腿外侧；目视前方。

习练口诀

气息归元守丹田,静养一会再还原。

习练提示

- 身体放松,呼吸自然,体态安详。
- 双臂内旋侧摆时,约与髋同高,掌心向后。

错误动作

错误　收功后心浮气躁,急于走动。
正确练法　收功时应心平气和,适当做一些调理活动,比如搓手、浴面、甩手等小动作。

健身功效

气息归元,肢体肌肉放松,保持心情愉悦轻松,从而进一步强化练功效果。

第三章　坐式八段锦

坐式八段锦的基本要领

1. 坐姿

坐式八段锦在姿势上较为灵活，以"因时因地因人"为基本原则，即对习练场所无严格限制，不管是床上还是凳子上，不管是仰卧还是侧卧都可，只要适宜习练此套动作即可。

2. 意念

心神宁静、意守丹田是习练坐式八段锦的基本要求。腹部是人体五脏六腑的集聚地，而丹田正好位于腹部的中心，因此意守丹田对身体有极大好处。

3. 呼吸

坐式八段锦的呼吸主要是腹部呼吸法。用鼻呼吸，则舌抵上腭；用口呼吸，则舌放平，且一呼一吸为一次，呼吸要以自然、均匀、细长为主。初练者呼吸次数一般为3~5次，熟练后可增至8~9次。另外，呼吸时，尽量保证空气的流通清新，否则暂停此习练。

坐式八段锦口诀总记

闭目冥心坐，握固静思神。
叩齿三十六，两手抱昆仑。
左右敲玉枕，二十四度闻。
微摆撼天柱，动舌搅水津，
鼓漱三十六，津液满口生，
一口分三咽，以意送脐轮。
闭气搓手热，背后摩精门，
尽此一口气，意想体氤氲。
左右辘轳转，两脚放舒伸。
翻掌向上托，弯腰攀足频。
以候口水至，再漱再吞津，
如此三度毕，口水九次吞，
咽下汩汩响，百脉自调匀。
任督慢运毕，意想气氤氲。
名为八段锦，子后午前行。
勤行无间断，去病又强身。

分步图解坐式八段锦

干沐浴

◆ 浴头

动作1 双目轻闭；双掌掌心按住前额，微用力下擦到下颌，接着双掌翻向头后双耳上，轻轻摩运过头顶，再回到前额。共做10遍。

动作2 用十指指腹或指甲轻揉整个头部的发根，10~20次。

动作3 用双手拇指由太阳穴附近向头上部捋，捋至头顶后，再五指靠拢向下捋，捋到颈部，即一次(注：共捋10次)。

◆ 浴眼

动作1 双目轻闭；双手握空拳，两拇指弯曲，用左、右拇指背擦上、下眼皮各10次左右。

动作2 双手拇指分按两侧太阳穴，并旋转、揉动10次，再向反方向揉动10次。

动作3 用右手拇指和示指捏住两眉骨头中间部位，适当用力地揪十几次，同时左手从头后发际向下捋到颈部十几次，完毕；换手同上。

◆ 浴鼻

动作 双手拇指微屈，双手其他四指握空拳，用拇指背顺鼻梁两侧上下往返摩擦10次（往、返为1次），上至眼下部，下至鼻孔两侧。

> **养生课堂**
>
> 　　拇指擦鼻梁时，可上、下一起擦，也可一上一下交叉擦；冬天或气温降低时，次数可增加至30次左右。

◆ 浴臂

动作 右手紧按左手腕内侧，然后顺臂内侧用力上擦到肩膀，再由肩膀开始，顺臂外侧用力下擦至左手背，如此反复擦十几次（一上一下为1次），完毕，反之用左手擦臂。

◆ 浴手

动作 双手合掌、搓热，然后先用左手握住右手背用力擦一下，再用右手握住左手背擦一下，互擦十几次（一左一右为1次）。

◆ 浴胸

动作　先用右手按住右乳上部，手指向下，用力下推至左大腿根部；再用左手按住左乳上部，手指向下，用力下推至右大腿根部，交叉互推十几次（一左一右为1次）。

◆ 浴腿

动作　双掌紧握一侧大腿，用力下擦至足踝，然后再擦回大腿根部，如此反复十几次；另一条腿与此相同，也可大腿小腿分开擦。

◆ 浴膝

动作　双掌紧按两膝，先齐向外旋十几下，再齐向内旋十几下。

健身功效

干沐浴部位从上到下都是人体的重要部位。长期习练，可以促进相应部位血液循环、经脉畅通、关节灵活，改善消化不良等症。

转眼睛

动作 端坐聚神,头正腰直,双眼向左转5~6次,稍停,然后目视前方,双眼再向右转5~6次,稍停,目视前方。

健身功效

早、晚各做2遍,长期坚持,可明目、护目,锻炼眼部周围的肌肉组织,利于眼部皮肤的保养。

击齿

动作 端坐,静心凝神,口自然放松,然后上下牙齿轻轻互击三十几次。

健身功效

锻炼牙齿及其组织,增强消化系统的功效。

漱口

动作 闭口咬牙,双腮鼓起,如口含食物,然后两腮和舌头做漱口动作,三十几次为宜,等津液满口时,再分三次慢慢下咽。

健身功效

此动作可以促进肠蠕动,改善消化不良。

敲玉枕

动作 双手掌心紧按两耳孔,且中间三指轻轻敲打后头枕骨(小脑部)10次左右,然后双手虚按耳孔,且手指紧压后头枕骨不动,再突然抬离,这样连续敲、压十几次;最后,双手示指插入耳孔内,转动3次,再突然拔离,此动作重复3~5次,完毕。

健身功效

此动作具有清醒头脑、增强记忆等功效,对于预防耳疾也有很好的效果。

揉腹

动作
① 男性做法:左手叉腰或放于左大腿根部(仰卧做时手的位置不限),右手从心窝左下方开始轻轻揉动,然后经脐下小腹向右擦揉,再回到原处,1次完毕,共揉30次左右;再用右手如上擦揉。
② 女性做法:双掌搓热,左手叉腰(拇指在前,示指在后),右手掌心由心窝处,向左下方旋转揉擦,旋转一周为1次,需揉擦几十次;反之,右手叉腰,左手掌心从脐处开始,向右下方旋转,经过小腹再回到原处为1次,需旋转几十次。

健身功效

增强胃肠功能,对各种胃肠病有很好的治疗效果。

搓腰眼

动作 双手搓热，然后紧紧按住腰眼处，用力下搓至尾闾部位，然后再上搓至双臂后屈正对处，此为1次，需搓30次左右。

健身功效

疏通带脉，防治腰痛，增强肾脏功能。

搓脚心

动作 双手搓热，然后搓脚心80次左右。

健身功效

脚心属于足少阴肾经，因此搓脚心可以使肾脏虚火和上身浊气下降，并且能疏肝明目。

第二篇

熊经鸟伸　调理身心

五禽戏

第四章　形神俱备五禽戏

五禽戏的起源和发展

五禽戏又称"五禽操""五禽气功""百步汗戏"等，是优秀的民族健身功法，同时也是我国古代体育锻炼的一种重要方法，具有疏通筋骨、防病治病、延年益寿的功效。

据说五禽戏是东汉名医华佗根据古代导引、吐纳之术，又研究了虎、鹿、熊、猿、鸟五种动物的基本习性和生活特点，并结合人体的经络、脏腑、穴位等编创而成。

其实，关于五禽戏的起源可以追溯到我国远古时代。在《吕氏春秋·古乐篇》中有这方面的记载。当时有不少的中原百姓得了关节病，为此就有了"乃制为舞""以利导之"的治病方法，从而具有"利导"作用的"舞"便经过千百年的流传演变，发展为今日的中华气功。另外，《庄子》中说："吹呴呼吸，吐故纳新，熊经鸟申（伸），为寿而已矣。"而"熊经鸟申"就是对古代养生之士模仿动物姿势习练气功生动而形象的描绘。

对五禽戏是华佗编创的最早的文字记录见于西晋陈寿的《三国志·华佗传》中："吾有一术，名五禽之戏，一曰虎，二曰鹿，三曰熊，四曰猿，五曰鸟。亦以除疾，并利蹄足，以当导引。"此外，南北朝时期的范晔在《后汉书·华佗传》也有对此的记载，这更证明了华佗编创五禽戏确有其事，可惜的是，有文无图。

此后，南北朝时期的陶弘景、明代的周履靖、清代的曹无极和席锡蕃对五禽戏也相继做了更为全面的记载，除文字外，还配合了相关的习练图，并对习练法进行了详细记录。其对"五禽"动作、神态、习练顺序及与气血等的关系，与华佗所创五禽最为接近，这也成为后人研究五禽起源的重要文献资料。

五禽戏是流传时间最长的健身方法之一。虽然表意为嬉戏、游戏，但它不是一套简单的导引术或体操,而是一套高级的保健养身功法,是我国最早的、最完整的医疗保健操,对后世的气功武术等具有重大影响。

1982年6月28日,中国卫生部、教育部和当时的国家体委正式发出通知,将五禽戏等中国传统健身法作为在医学类大学中推广的"保健体育课"的内容之一。2003年,中国国家体育总局把重新编排后的五禽戏等健身法作为"健身气功"的内容之一推广到了全国。五禽戏发展到现在,已形成了许多流派,每个流派都有各自不同的特色和风格,有些甚至冠以华佗之名。但不论哪一派,外功型还是内功型、锻炼身还是修炼意,都是在模仿"五禽"动作的基础上,以强身健体、防病治病、健身延年等为目的的功法。

本书以《三国志·华佗传》为依据,顺序为虎、鹿、熊、猿、鸟,动作沿用了陶弘景在《养性延命录》中的记载,即共5戏,每戏2动,简单易学。为了达到更好的效果,增加了起势和收势,同时为了更符合现代人的习练习惯,编者在古代文献的基础上,取其精华,并加以提炼和改进,使其更具有现代气息和特征,更符合现代科学化的健身观。

五禽戏的习练特点

1. 简单安全,可调整习练

为了便于广大群众习练,本套五禽戏动作力求简单、左右对称、平衡发展。虽然动作相对简单,但不管是动势还是静势,都有其内在精华。此外,五禽戏属小强度的有氧运动,运动量较为适中,习练者可根据自身情况,选择全套习练或偏重于某戏、某一式,循序渐进,逐步提高。

2. 以腰为轴,带动全身

总体而言,五禽戏以腰为主轴和枢纽,带动全身进行运动,包括前俯、后仰、侧屈、拧转、折叠、提落、开合、缩放等各种不同的姿势。长期习练,会对颈椎、胸椎、腰椎等各部位起到拉伸按摩的功效,可防治关节性病症。另外,五禽戏中的许多动作还会使足趾、手指等关节得到锻炼,有助于加强远端血液微循环,锻炼肌肉群。

3. 外主形,内主神

五禽戏是一种模仿动物姿势的健身气功。其讲究升降开合、以形引气。虽然形显于外,却时时被内在"神"所牵制。只有意气相随,内外合一,外形动作才会达到"五禽"的神韵及特点。此外,初练者在练功过程中,首先要做到体式的正确性、标准性;其次要做到身体的自然放松,不僵硬、不拿劲、不软塌;最后进入以意引气、气贯全身、以气养神的阶段。待习练者进入熟悉阶段后,还须注意呼吸法的配合,直至进入"心息相依"的境界。

4. "站桩"为过渡动作

"站桩"利于习练者以一种相对平稳的状态和心境进入下一动作,从而达到"外静内动"的功效。尤其是五禽戏以模仿"五禽"的动作和姿势为主,运动幅度及变化性较强,因此在功法的起势、收势及每一戏结束后,短暂"静"态,可利于动静结合,起到练养相兼的互补作用,促进练功效果的进一步提高。

神奇的养生效果

1. 练"虎"可养肝

虎戏的重点在于模仿虎的威猛和神态。威,生于爪,要力达指尖;神,发于目,要圆睁双目。爪与目都属肝,而在习练时,双臂需配合虎举与虎扑动作而向上拔伸,身体两侧的肝胆经随之得到锻炼,因此坚持习练此式,可调理气血,起到舒筋、养肝、明目的作用。

2. 练"鹿"可养肾

鹿戏的重点在于腰部和尾闾。腰部左右扭动,尾闾跟着运转。腰为肾之腑,而在习练时需含胸凸脊,成竖弓状,脊柱的运转会使命门打开,进而强壮督脉。因此通过腰、脊的运动可达到刺激肾脏、强腰健肾的作用,利于改善、调节生殖系统。

3. 练"熊"可养脾

熊戏需以腰为轴左右摇晃身体,这个动作可使中焦气血通畅,随之对脾胃会起到挤压按摩作用。此外,脾胃主导人体的五谷水食,不仅可增强消化系统功能,还可为身体提供充足的营养物质。因而长期习练熊戏,既有疏肝理气、健脾保胃的功效,还可防治挑食、腹胀腹痛、便秘等症状。

4. 练"猿"可养心

习练猿戏时手臂需夹于胸前、收腋,而手臂内侧有心经循行,且由于习练幅度较大,所以不单对心经循行有较好的作用,同时对胸廓也有较好的锻炼作用。长期习练,利于心经血脉的通畅,可以改善心悸、心慌、失眠多梦、盗汗、肢冷等症状。

5. 练"鸟"可养肺

鸟戏主要在于双臂的升、降、开、合,这些习练动作可牵拉肺经,按摩胸廓,从而疏通肺经气血。长期习练鸟戏,可调理肺部功能，促进肺的吐故纳新，改善人体呼吸功能，对胸闷气短、鼻塞流涕等症都有较好的缓解作用。

五禽戏的习练要领

1. 形

形，即习练时的身体姿势。练功时，体直头正，胸略含，肩稍垂，肌肉放松，呼吸均匀，逐渐进入练功状态。初练者首先要对每戏、每式的名称含义进行明确了解，随之模仿做出相应的动作造型。动作一定要到位，符合规范性，尽力做到"演虎像虎""学熊似熊"。特别是对动作的起落、高低、轻重、缓急、虚实要分辨清楚，不僵硬，不停滞，柔美而灵活。

2. 神

神，指习练时的神态和神韵。虽然"五禽戏"的戏有玩耍、游戏之意，但它并不是指随心所欲地习练，这只是五禽戏不同于其他气功功法的独特之处。只有准确地掌握了"五禽"的神态，进入五禽如平常那般玩耍、游戏的意境，习练此套动作的神韵才会真正显现出来，才达到了习练的高境界。即只有"神"守于"中"，"形"才能全于"外"。

五禽之表现要点如下：虎戏之威猛气势；鹿戏之自由舒展；熊戏之憨厚沉稳；猿戏之灵活敏捷；鸟戏之潇洒挺立。

3. 意

意，指习练时的意念和意境。习练初期，务必要排除内心杂念及影响心绪的因素，以平心宁神的状态进入习练过程。习练每戏时，要由心带身进入"五禽"的意境，从而更逼真地模仿五禽的动作。比如，习练"虎戏"时，需幻想自己为一头猛虎；习练"鹿戏"时，需幻想自己为一头轻灵可爱的梅花鹿；习练"熊戏"时，需把自己幻想为一头山林中的笨黑熊；习练"猿戏"时，需把自己幻想为一只在花果山中上下跳跃的灵猴；习练"鸟戏"时，需把自己想象为江边的仙鹤。总之，意随形动，气随意行，意、气、形合一。

4. 气

气，指练功时的呼吸法，也称调息。初学者一定要有意识地调整呼吸，不断体会揣摩，直至呼吸与导引动作相适应，达到气、行协调一致的境界。不过，气息的掌握需要一定时间的习练，所以初学者应首先学会动作，明确其含义，做到姿势到位，动作连贯。等身体进入熟练阶段后，自然在习练时就会放松，情绪也随之变得安宁，此时，再逐渐加强对呼吸的调整。

其实，习练五禽戏有多种呼吸法，比如自然呼吸、腹式呼吸、提肛呼吸等，习练时可根据动势的变化及个人情况进行选用，但不论运用哪种呼吸法,一定不能违背呼吸和动作配合的规律:起吸落呼,开吸合呼,先吸后呼,蓄吸发呼。

五禽戏的习练指南

1. 时间宜忌

① 饭前45分钟前后不宜练。
② 冬天室外习练,最好在上午九点、太阳出来后。
③ 初练者一般以20～30分钟为宜,后可逐渐加深、延长。

2. 身心宜忌

① 心中郁闷、烦躁者不宜习练。
② 情绪起伏较大且激动者不宜习练。
③ 剧烈运动后,心情未平静者不宜习练。
④ 饥饿、酗酒、饱食后不宜习练。
⑤ 心血管疾病患者,避免在上午习练。
⑥ 失眠者上午不宜习练。
⑦ 女性经期应少练或停练。
⑧ 不宜佩戴饰物、穿着紧身衣习练。
⑨ 练功后,忌收功太急而立即活动。

五禽戏的基本动作

1. 基本手型

(1) 虎爪　五指张开,虎口尽量撑圆,手指的第1、第2指节弯曲内扣,像虎爪一样充满力道。

(2) 鹿掌　五指并拢伸直,中指、无名指弯曲内扣。

(3) 熊掌　除拇指外的其余四指并拢弯曲,不需要握紧,虎口撑圆,拇指压于示指指端。

（4）猿钩　五指指腹捏拢，屈腕。

（5）鸟翅　五指伸直，拇指、示指、小指向上翘起，无名指、中指并拢向下。

（6）握固　拇指抵掐无名指指根内侧，其余四指屈拢收于掌心。

2. 基本步型

（1）弓步　腿向任何方向迈出一大步，同时膝关节弯曲成90°左右，膝关节与脚尖上下相对，脚尖稍内扣；另一腿自然伸直，全脚掌着地，脚尖稍内扣，且上体与地面垂直。按动作的方向有侧弓步、前弓步、后弓步等。

（2）虚步　一脚向前迈出一步，脚跟着地、与臀部上下相对，脚尖上翘，膝盖微屈；另一条腿屈膝下蹲，全脚掌着地，脚尖斜向前方；身体重心七分落于支撑腿，三分落于虚步腿。

（3）丁步　双脚左右分开，间距10～20厘米，双腿微微屈膝下蹲，随之提起一只脚脚跟，脚尖虚点地面，且靠近另一只全脚掌着地的脚的脚弓处。

第五章 轻松习练五禽戏

预备势 调息凝神

动作分解

动作1 双脚并拢、直立，双手自然垂于体侧，胸腹放松，头颈正直，微收下颏，舌抵上腭；目视前方。

动作2 重心稍右移，左脚向左侧横跨一步，距离稍宽于肩，两膝微屈，松静站立，调息数次，意守丹田。

动作3 双肘微屈，双臂随之经体前向上、向前平托，掌心向上，抬至约与胸同高。

动作4 双肘自然下垂、外扩，同时双掌慢慢向内翻转，并缓缓下按于腹前；目视前方。

习练注意：重复动作3～动作4，2遍。

习练提示

- 整个动作以肩为轴,肩沉则气沉。
- 调息时,动作要均匀、柔和、连贯,呼吸要绵长、深匀。
- 配合呼吸法,即双臂上提时吸气;双臂下按时呼气。

动作5 2遍后,双手自然垂于体侧;目视前方。

错误动作

错误1

错误1 向左横开步时,身体僵直,双膝挺起。
正确练法 开步前,双膝微屈;开步时,身体重心先移至右脚,等左脚掌着地后,再使重心平衡。

错误2 双手上提下按时,双肘外扬,肩膀上耸。
正确练法 沉肩坠肘,双手上提、内合、下按,以弧线方式运动。

健身功效

安神静心,调理气息,升清降浊,吐故纳新,引导入境。

养生课堂

意守丹田:丹田分为上丹田、中丹田、下丹田,分别位于眉间、心窝处、脐下,意守丹田的意思就是用意念守护下丹田,使人达到入境状态。

第一戏　虎戏

　　虎戏包括虎举、虎扑二式，主要体现虎的威风凛凛、霸气神威。虎戏看似朴素愚笨，实际却充满劲力。习练时，动作要做到刚中有柔，柔中带刚，刚柔相济。

第一式　虎举

动作分解

动作1 接上式。双手掌心向下，十指展开，再弯曲成虎爪状，头自然低下；目视双手。

动作2 双手外旋，小指先弯曲，其余四指依次弯曲握拳，然后，双拳沿体前慢慢上提。

动作3 等双拳移至肩前时，十指打开，上举至头上方，手指再弯曲成"爪"状；目视双手。

动作4 双掌外旋握拳，拳心相对；目视双拳。

动作5 双拳下拉至肩前时，松拳变掌。

动作6 双掌下按，顺着体前落至腹前，十指打开，掌心向下；目视双手。

习练注意：重复动作1～动作6，3遍。

动作7 3遍后，双手自然垂于体侧；目视前方。

习练口诀

双手伸展变爪状，外旋下按至腹前。

习练提示

- 习练虎举的过程中，十指撑开，弯曲成"虎爪"，眼睛随着双手而动。
- 配合呼吸法，即双掌上举时吸气，下落时呼气。
- 双掌上举时，提胸收腹，拉伸躯体，向头正上方如托举重物。

错误动作

错误1　双手由掌变爪时，动作太快或不标准。
正确练法　十指先完全打开，然后第1指关、第2指关节依次慢慢弯曲，最后紧握成拳。

错误2　目光不定，四处看。
正确练法　眼睛随双手的运行而移动。

健身功效

双掌举起下落，一升一降，吸清气呼浊气，可疏通、调理三焦；手掌变成虎爪，再变成拳头，可以改善血液循环，增强握力。

养生课堂

三焦：六腑之一，是上焦、中焦、下焦的合称，纵贯于人体的上、中、下三部。上焦主要是气血的运行处；中焦主要是食物的发酵处；下焦主要是泄物的排出处。

第二式　虎扑

动作分解

侧面图

动作1 接上式。双手握空拳，沿身体两侧向上提至肩前上方。

动作2 双手十指弯曲成虎爪状，掌心向下，向上、向前划弧，同时上半身前俯，挺胸塌腰，头略抬；目视前方。

侧面图

动作3 双腿屈膝下蹲，收腹含胸，同时双手向下划弧至双膝侧，掌心向下；目视前下方。

动作4 双腿伸膝、凸髋、挺腹、后仰，同时双掌握空拳，顺着体侧自下向上提至胸侧；目视前上方。

动作5 左腿屈膝提起，双拳上举。

动作6 左脚落下时，往前迈出一步，脚跟着地，右腿随之微屈膝下蹲，成左虚步，同时上体前倾，双拳变虎爪向前、向下扑至膝前两侧，掌心向下；目视前下方。

动作7 稍停，上半身抬起，左脚收回，双脚开步站立，双手随之自然下落垂于体侧；目视前方。

动作8 双手握空拳，沿身体两侧向上提至肩前上方。

动作9 双手十指弯曲成虎爪状，掌心向下，向上、向前划弧，同时上半身前俯，挺胸塌腰，头略抬；目视前方。

第二篇　59　熊经鸟伸　调理身心　五禽戏

动作10 双腿屈膝下蹲，收腹含胸，同时双手向下划弧至双膝侧，掌心向下；目视前下方。

动作11 双腿伸膝、凸髋、挺腹、后仰，同时双掌握空拳，顺着体侧向上提至胸侧；目视前上方。

动作12 右腿屈膝提起，双拳上举。

动作13 右脚落下时，往前迈出一步，脚跟着地，左腿随之微屈膝下蹲，成右虚步，同时上体前倾，双拳变虎爪向前、向下扑至膝前两侧，掌心向下；目视前下方。

习练口诀

双爪划弧体前倾，
屈膝成虚猛虎扑。

习练提示

- 上体前俯时，双手尽量向前伸，臀部尽量往后拉，前后形成"拔河"之势，利于脊柱的充分打开。
- 屈膝、下蹲、收腹、含胸、伸膝、凸髋、挺腹、后仰，整个动作要协调连贯，使脊柱处于一个由"折叠"到"拉展"的蠕动过程。
- 配合呼吸法，当双手顺体前上提时吸气，前伸引腰时呼气；双手收回再顺体前上提时吸气，虚步下扑时快速深呼气，再由丹田发出，以气催力，力达指尖，表现出虎的威猛。

动作14 稍停，上半身抬起，右脚收回，双脚开步站立，双手随之自然下落垂于体侧；目视前方。
习练注意：重复动作1～动作14，1遍。

动作15 重复1遍后，双掌向身体前侧方举起，约与胸同高，掌心斜向上；目视前方。

动作16 双臂屈肘，双掌内含、下按，自然垂于体侧；目视前方。

- 中老年及体质较弱或患有疾病的习练者,动作幅度可根据自身情况进行调整。

错误动作

错误1 身体由"折叠"到"拉展"的动作,双手配合不够协调,且展开不够充分。
正确练法 双腿伸膝,凸髋挺腹,上体微后仰,双手握拳后伸,整体呈弧线状。

错误2 成左虚步时,容易重心不稳,左右摇摆。
正确练法 下落迈步时,双脚横向保持一定距离,留出适当角度,利于重心的稳定。

错误3 拳变虎爪时不明显。
正确练法 拳变虎爪时,十指打开,力达指尖,逐节屈回。

错误4 双掌侧举时,掌心相对,手臂僵直。
正确练法 双掌侧举时约与胸同高,掌心斜向上,手臂呈半圆形。

健身功效

虎扑的动作,锻炼了脊柱各关节的柔韧性和伸展性,从而带动了腰部运动,增强了腰部肌肉力量,也对腰肌劳损、习惯性腰扭伤等疾病具有显著的治疗和预防作用。另外,脊柱的伸展活动,还起到疏通经络、活跃气血的作用。

第二戏　鹿戏

鹿，轻盈灵活，优雅可爱，和仙鹤一样象征着吉祥长寿，鹤为仙禽，鹿为瑞兽。鹿之所以长寿，在于其好用角抵，擅长奔跑，蜷曲静卧，打通了任督二脉。因而习练鹿戏时，臆想自己在一群鹿中，在山坡上自由快乐地奔跑。

第三式　鹿抵

动作分解

侧面图

动作1 接上式。双腿微屈，身体重心移至右腿，左脚经右脚内侧向左前方迈步，脚跟着地，同时身体右转，双手握空拳，双臂向右侧摆起，约与肩平，拳心向下；目随手动，视右拳。

动作2 身体重心向前移，左腿屈膝，左脚尖外撇、踏实，右腿随之蹬直，同时身体左转，双掌变成"鹿角"，向上、向左、向右划弧，掌心向外，指尖朝后；左臂屈肘、外展平伸，肘抵靠左腰侧，右臂举至头前；目视右脚跟。

动作3 稍停，身体右转，左脚收回，开步站立，同时双手向上、向右、向下划弧，双掌握空拳下落于体前；目视前方。

动作4 双腿微屈，身体重心移至左腿，右脚经左脚内侧向右前方迈步，脚跟着地，同时身体左转，双手握空拳，双臂向左侧摆起，约与肩平，拳心向下；目随手动，视左拳。

动作5 身体重心向前移，右腿屈膝，右脚尖外撇、踏实，左腿随之蹬直，同时身体右转，双掌变成"鹿角"，向上、向右、向左划弧，掌心向外，指尖朝后；右臂屈肘、外展平伸，肘抵靠右腰侧，左臂举至头前；目视左脚跟。

动作6 稍停，身体左转，右脚收回，开步站立，同时双手向上、向左、向下划弧，双掌握空拳下落于体前；目视前方。

习练注意：重复动作1~动作6，3遍。

动作7 做3遍结束后，双手自然垂于体侧；目视前方。

习练口诀

迈步转体握空拳，一撇一蹬变鹿角。
左肘抵腰右臂抬，转体开步弧形落。

习练提示

- 习练鹿抵，需柔和缓慢，忌动作过快、过猛、幅度过大。
- 腰部侧屈拧转，侧屈的一侧腰部要压紧，另一侧腰部则借助上举的手臂得到充分牵拉。
- 后脚跟蹬实，固定下肢位置，增强腰部力量，利于腰腹的拧转、尾闾的运转。
- 配合呼吸法，即双掌向上划弧摆动时吸气，双手向后伸抵时呼气。

错误动作

错误1 双手成"鹿角"划弧时,身体侧屈不够,前脚脚尖朝前,无法看到后脚脚跟。
正确练法 落步时,前脚踏实,脚尖外展,左肘压紧腰侧,右手尽量伸展,充分拉展另一腰侧,眼睛则过与前脚相对的肩膀看后脚的脚跟。

错误2 双臂握空拳上摆时,太高或太低。
正确练法 双臂上摆至约与肩平。

错误3 腰部侧屈拧转时,身体过于前倾。
正确练法 后腿踏实,辅助上体正直,加大腰部拧转幅度。

健身功效

中医认为,"腰为肾之府"。腰部的侧屈拧转,不仅可以带动脊椎的旋转,增强腰部力量,防止腰部脂肪堆积,还可强腰补肾、强筋健骨。另外,目视后脚脚跟,加大了腰部的旋转程度,从而对腰椎小关节紊乱等症起到很好的防治之效。

第四式　鹿奔

动作分解

侧面图

动作1 接上式。左脚向前迈一步，屈膝，右腿随之蹬直成左弓步，同时双手握空拳，向上、向前画弧至体前，向下屈腕，抬高至约与肩平，拳心向下，且双臂距离约与肩同宽；目视前方。

动作2 身体重心后移，左膝挺直，全脚着地，同时右腿屈膝，低头，收腹，弓背，双臂随之内旋，双拳拳背相对、前伸，拳变为"鹿角"。

动作3 身体重心前移，上半身挺起，右腿伸直，左腿随之屈膝，成左弓步，松肩沉肘，双臂外旋，手由"鹿角"变为空拳，拳心向下，约高于肩；目视前方。

动作4 小换步。左脚收回，开步直立，双拳变掌，回落于体侧；目视前方。

动作5 右脚向前迈一步，屈膝，左腿随之蹬直成右弓步，同时双手握空拳，向上、向前划弧至体前，向下屈腕，抬高至约与肩平，拳心向下，且双臂距离约与肩同宽；目视前方。

动作6 身体重心后移，右膝挺直，全脚着地，同时左腿屈膝，低头，收腹，弓背，双臂随之内旋，双拳拳背相对、前伸，拳变为"鹿角"。

动作7 身体重心前移，上半身挺起，左腿伸直，右腿随之屈膝，成右弓步，松肩沉肘，双臂外旋，手由"鹿角"变为空拳，拳心向下，约高于肩；目视前方。

动作8 右脚收回，双脚成开立步，双拳变掌，回落于体侧；目视前方。

习练注意：重复动作1～动作8，1遍。

动作9 重复1遍后，双掌向身体侧前方举起，掌心向上，约与胸同高；目视前方。

动作10 双臂屈肘，双掌内合下按，并自然垂于体侧；目视前方。

第二篇　69　熊经鸟伸 调理身心 五禽戏

习练口诀

一屈一伸握空拳,画弧屈腕与肩平。
收腹弓背变鹿角,挺身成弓臂外旋。

习练提示

- 提腿前跨时,动作要有弧度,落脚时轻而灵活。
- 配合呼吸法,身体重心后移时吸气,身体重心前移时呼气。
- 身体后坐时,双臂前伸,胸部内含,背部形成"横弓"状;头前伸,臂内旋,腹收缩,背后弓,形成"竖弓"状,这样可充分拉展背腰。

错误动作

错误1 身体后坐和手臂前伸时,背部的"横弓"、腰部的"竖弓"不明显。
正确练法 加大双臂的内旋幅度,带动胸内含,同时头、髋前伸,收腹后顶,从而达到"横弓""竖弓"的标准动作。

错误2 两臂外旋上抬,鹿角变空拳时,两臂太高或太低。
正确练法 两臂约与肩同高。

错误3 握拳时,实拳。
正确练法 握拳时,为空拳。

健身功效

双臂内旋、前伸,牵拉肩、背肌肉,对颈肩病症具有很好的防治作用;弓背收腹,增强腰背肌肉力量,起到矫正脊柱的作用;身体后坐时,打开大椎骨,可以疏通经气,振奋全身阳气。

第三戏 　熊戏

熊戏，是模仿熊的动作的一种导引功法，后为五禽戏之一。熊的性情浑厚沉稳，习练时，需体现出熊的浑厚沉稳的神态，还要体现出笨重之中的轻灵的动象。

第五式 　熊运

动作分解

动作1 接上式。双手握空拳成"熊掌"，拳眼相对，垂于下腹部；目视双拳。

动作2 以腰、腹为轴，上半身按顺时针方向摇晃，双拳随之经右肋部、上腹部、左肋部、下腹部画圆；目随身体摇晃而环视。

习练注意：重复动作2，1遍。

动作3 以腰、腹为轴，上半身按逆时针方向摇晃，双拳随之经左肋部、上腹部、右肋部、下腹部画圆；目随身体摇晃而环视。

习练注意：重复动作3，1遍。

动作4 上半身立起，双拳随之变掌下落，自然垂于体侧；目视前方。

习练口诀

双拳成掌垂于腹，上晃下划目环视。

习练提示

- 配合呼吸法，身体上提时吸气，前俯时呼气。
- 双拳应在腰、腹的引导下，将意念之气运作于丹田时画圆，同时动作要协调自然。
- 上体做逆时针的摇晃时，双拳也要随之从下腹部到左肋部、上腹部、右肋部、下腹部。

错误动作

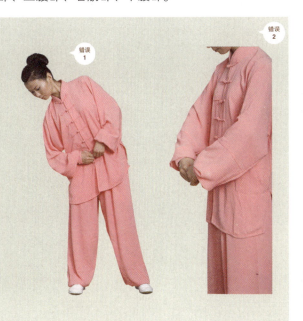

错误1 身体以腰、腹为轴转动时，身体过于摇晃或双拳抬得过高。

正确练法 尽量固定腰、腹及胯的位置，因此当向上摇晃时，提胸收腹，充分伸展腰、腹；向下摇晃时，含胸松腹，挤压脾、胃、肝等内脏器官。

错误2 双拳画圆时，远离身体，且没有随腰的转动而画圆。

正确练法 肩、肘放松，双拳轻附于腰、腹，体会用腰腹的运动带动双拳的运动。

健身功效

腰、腹转动，双拳画圆，不仅可以活动腰部关节，防治腰肌劳损等，还可以引导内气运行，加强脾胃功能。同时，对消化不良、腹胀腹泻、便秘等也有很好的治疗效果。

养生课堂

命门穴：在腰部，当后正中线上，第2腰椎棘突下凹陷中。中医认为，此乃生命之火的起源，人体肾阳之气的聚集地。因此经常转动腰部，可益肾壮阳，防治腰膝腿痛及更年期综合征。

第六式 熊晃

动作分解

动作1 接上式。身体重心向右移，左髋随之上提，牵动左脚离地，同时左腿屈膝、抬起，双掌握空拳，再变"熊掌"；目视左前方。

动作2 身体重心前移，左脚迈向左前方，全脚踏实，脚尖朝前，右腿随之伸直，身体向右转，左臂内旋、前靠，左拳摆至左膝前上方，拳心朝左，右拳摆至体后，拳心朝后；头稍抬，目视左前方。

动作3 身体左转，重心后坐，右腿屈膝，左腿伸直，拧腰晃肩，带动双臂前后划弧形摆动，右拳摆至左膝前上方，拳心朝后，左拳摆至体后，拳心朝后；目视左前方。

动作4 身体右转，重心前移，左腿屈膝，右腿伸直，左臂内旋、前靠，左拳摆至左膝前上方，拳心朝左，右拳摆至体后，拳心朝后；目视左前方。

动作5 身体重心向左移，右髋随之上提，牵动右脚离地，同时右腿屈膝、抬起，双掌握空拳，再变"熊掌"；目视右前方。

动作6 身体重心前移，右脚迈向右前方，全脚踏实，脚尖朝前，左腿随之伸直，身体向左转，右臂内旋、前靠，右拳摆至右膝前上方，拳心朝右，左拳摆至体后，拳心朝后；头稍抬，目视右前方。

动作7 身体右转，重心后坐，左腿屈膝，右腿伸直，拧腰晃肩，带动双臂前后划弧形摆动，左拳摆至右膝前上方，拳心朝后，右拳摆至体后，拳心朝后；目视右前方。

动作8 身体左转，重心前移，右腿屈膝，左腿伸直，右臂内旋、前靠，右拳摆至右膝前上方，拳心朝右，左拳摆至体后，拳心朝后；目视右前方。

习练注意：重复动作1～动作8，1遍。

动作9 重复完1遍后，左脚上步，双脚成开步站立，同时双手自然垂于体侧。

动作10 双掌向身体侧前方抬起，掌心向上，约与胸同高；目视前方。

动作11 双臂屈肘，双掌内合、下按，自然垂于体侧；目视前方。

习练口诀

重心后移拳变掌，左迈右伸体随转。
左旋至膝右体后，拧腰晃肩臂摆动。

习练提示

- 提腿时按提髋、起腿、屈膝的先后顺序，大腿上提时需利用腰侧肌群的力量收缩。
- 双脚前移，横向距离约宽于肩，并随身体重心前移而全脚掌踏实，使脚底落步时的震动感传至髋关节，体现熊步的沉稳厚重。

错误1

错误动作

错误1　落步时，脚刻意前跨一大步，而身体没有感受到震动感。
正确练法　脚自然落地，全脚踏实，身体重心随之落于全脚，放松踝关节、膝关节，使震动感传至髋部。

错误2　没有提髋动作，直接屈膝提腿，向前迈步。
正确练法　提髋时，两肩保持水平，重心移向右脚，上提左髋，牵动左腿提起，再落回原处。

健身功效

　　身体左右摇晃，可以牵动两肋，起到调理肝脾的作用；提髋行走，落步微震，增强髋关节的肌肉力量，提高平衡能力，对于老年人的下肢无力、髋关节损伤、膝痛等有很好的治疗效果。

第四戏　猿戏

猿，生性好动活泼、灵敏快捷，折枝攀树，善于跳跃。习练"猿戏"，主要针对内、外两方面练习，即外练肢体的灵活敏捷，内练精神的平静安宁。最终，使身体达到外动内静、动静相宜的境界。

第七式　猿提

动作分解

侧面图

动作1 接上式。双手置于体前，手指伸直分开，然后再屈腕捏拢成"猿钩"。

动作2 两"猿钩"上提至胸，双肩耸起，收腹提肛，同时两脚跟提起，头向左转动；目随头动，视身体左侧。

动作3 头转正，双肩下沉，松腹落肛，脚跟着地，"猿钩"变掌，掌心向下；目视前方。

动作4 双掌沿体前下按落于体侧；目视前方。

动作5 双手置于体前，手指先伸直分开，然后屈腕捏拢成"猿钩"。

动作6 两"猿钩"上提至胸，双肩耸起，收腹提肛，同时两脚跟提起，头向右转动；目随头动，视身体右侧。

动作7 头转正，双肩下沉，松腹落肛，脚跟着地，"猿钩"变掌，掌心向下；目视前方。

动作8 双掌沿体前下按落于体侧；目视前方。
习练注意： 重复动作1～动作8，1遍。

习练口诀

双手体前捏钩状，提钩耸肩脚跟抬。
头正肩沉钩变掌，下按体侧目前方。

习练提示

- 手指捏拢变"钩"时，速度要快。
- 配合呼吸法，双掌上提时吸气，双掌下按时呼气。
- 上提重心时，按耸肩、收腹、提肛、脚跟离地、转头的顺序做；重心下落时，按松肩、松腹、落肛、落脚的顺序做。

错误动作

错误1　脚跟提起后，重心不稳，身体前倾或后仰。
正确练法　百会上领，牵动身体向上垂直拉伸，可起到稳定重心的作用。

错误2　耸肩不充分，胸、背部、上肢不能充分团紧。
正确练法　以胸部膻中穴为中心，缩颈、夹肘、团胸、收腹。

健身功效

"猿钩"的快速变化可增强神经及肌肉的反应能力和灵敏性；而双掌上提及下按，带动了颈、肩、腹的运动，增强了呼吸功能，改善了脑部供血；提脚跟直立，增强了腿部力量，从而提高了人体的平衡能力。

第八式　猿摘

动作分解

动作1 接上式。左脚向左后方退一步，脚尖点地，右腿屈膝，重心随之落于右腿，同时左臂屈肘，左掌变"猿钩"收至左腰侧面，右掌向右前方摆起，掌心向下。

动作2 身体重心后移，左脚踏实，屈膝下蹲，右脚收于左脚内侧，脚尖点地，成右丁步，同时右掌向下经腹前向左上方划弧至头左侧，掌心对着太阳穴；眼睛先随右掌移动，再转头注视右前上方。

动作3 右掌内旋，掌心向下，顺体侧下按至左髋侧，同时身体重心稍向下；目视右手。

动作4 右脚向右前方迈出一大步，左腿蹬伸，重心前移，右腿伸直，左脚脚尖点地，同时右掌经体前向右上方划弧至头右上侧变"猿钩"，稍高于肩，左掌向前、向上伸举，屈腕捏钩，成采摘状；头略向上仰；目视左手。

动作5 身体重心后移，左手由"猿钩"变为"握固"，右手变掌，自然回落于体侧，虎口朝前。

动作6 左腿屈膝下蹲，右脚收至左脚内侧，脚尖点地，成右丁步，同时左臂屈肘，收至左耳旁，掌心向上，掌指分开，成托桃状，右掌经体前向左划弧至左肘下捧托；目视左掌。

动作7 右脚向右后方退一步，脚尖点地，左腿屈膝，重心随之落于左腿，同时右臂屈肘，右掌变"猿钩"收至右腰侧面，左掌向左前方摆起，掌心向下。

动作8 身体重心后移，右脚踏实，屈膝下蹲，左脚收于右脚内侧，脚尖点地，成左丁步，同时左掌向下经腹前向右上方划弧至头右侧，掌心对着太阳穴；眼睛先随左掌移动，再转头注视左前上方。

动作9 左掌内旋，掌心向下，顺体侧下按至右髋侧，同时身体重心稍向下；目视左手。

动作10 左脚向左前方迈出一大步，右腿蹬伸，重心前移，左腿伸直，右脚脚尖点地，同时左掌经体前向左上方划弧至头左上侧变"猿钩"，稍高于肩，右掌向前、向上伸举，屈腕捏钩，成采摘状；头略向上仰；目视右手。

动作11 身体重心后移，右手由"猿钩"变为"握固"，左手变掌，自然回落于体侧，虎口朝前。

动作12 右腿屈膝下蹲，左脚收至右脚内侧，脚尖点地，成左丁步，同时右臂屈肘，收至右耳旁，掌心向上，掌指分开，成托桃状，左掌经体前向右划弧至右肘下捧托；目视右掌。

习练注意： 重复动作1～动作12，1遍。

84

传统健身功法：八段锦 五禽戏 易筋经 太极拳 六字诀

动作13 以上动作重复1遍后，然后左脚横开一步，双腿直立，同时双手自然垂于体侧；目视前方。

动作14 双掌向身体侧前方举起，约与胸同高，掌心向上；目视前方。

动作15 双臂屈肘，双掌内合、下按，自然垂于体侧；目视前方。

习练口诀

左退右屈重心移，左掌变钩右掌摆。
脚尖点地成丁步，掌举屈腕可摘桃。

习练提示

- 眼要随上肢动作变化，做出一种左顾右盼的神态，体现猿猴眼神的灵敏。
- 屈膝下蹲时，全身呈收缩状；向上采摘时，肢体需充分打开；成托桃状时，掌指要及时分开。
- 动作以神似为主，重在体会其意境，不要太夸张。

错误动作

错误1 摘桃时，手臂向上直线推出，"猿钩"变化太快或太慢。
正确练法 采摘时，手的运动路线呈向上弧形，等动作到位时手掌变"猿钩"。

错误2 四肢配合不协调。
正确练法 下蹲时，手臂屈伸，上臂靠近身体；蹬伸时，手臂充分展开。

健身功效

眼神的左张右望，可锻炼颈部，促进脑部血液循环；而模拟猿猴摘桃的动作，可以减轻神经系统的紧张度，对缓减压力、精神忧郁具有很好的作用。

第五戏　鸟戏

鸟戏，是一种模仿鹤的导引功法，鹤象征着健康长寿。习练时，要表现出鹤轻盈安详、傲然挺拔、悠闲自得的神韵，从而达到活跃周身经络、灵活四肢关节的作用。

第九式　鸟伸

动作分解

侧面图

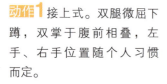 接上式。双腿微屈下蹲，双掌于腹前相叠，左手、右手位置随个人习惯而定。

动作2 双掌保持交叠向上举至头前上方，掌心向下，指尖水平向前，身体随之微微前倾，提肩、缩颈、挺腹、塌腰；目视前下方。

动作3 双腿微微弯曲、下蹲，同时双掌相叠，保持水平下按至腹前；目视双手。

动作4 身体重心右移，右腿蹬直，左腿伸直向后抬起，同时双掌左右分开，手掌变为"鸟翅"，并向体侧后方自然摆起，掌心向上，抬头、伸颈、挺胸、塌腰；目视前方。

动作5 左腿下落后，双腿微屈下蹲，双掌与腹前相叠，左手、右手位置随个人习惯而定。

动作6 双掌保持交叠向上举至头前上方，掌心向下，指尖水平向前，身体随之微微前倾、提肩、缩颈、挺腹、塌腰；目视前下方。

动作7 双腿微微弯曲、下蹲，同时双掌相叠，保持水平下按至腹前；目视双手。

侧面图

动作8 身体重心左移，左腿蹬直，右腿伸直向后抬起，同时双掌左右分开，手掌变为"鸟翅"，并向体侧后方自然摆起，掌心向上，抬头、伸颈、挺胸、塌腰；目视前方。

习练注意： 重复动作1~动作8，1遍。

动作9 重复1遍后，右腿下落，双脚开步站立，双手自然垂于体侧；目视前方。

习练口诀

双掌交叠上下行，分离变翅自然起。

习练提示

- 配合呼吸法，即双手上举时吸气，双手下按时呼气。
- 双掌在体前相叠，上下位置可任选，以舒适自然为宜。
- 注意动作的松紧变化，手上举时，颈、肩、臀部紧缩；下落时，双腿微屈，颈、肩、臀部松沉。
- 双臂后摆时，身体向上伸展，并形成向后反弓状。

错误动作

错误1 单腿支撑时，身体重心不稳。
正确练法 当重心移到支撑腿后，另一腿再向后抬起，支撑腿的膝关节挺直，有利于稳定性的提高。

错误2 松紧变化掌握不好。
正确练法 在体前做上举下落时，切记上举时收紧，下落时放松。

健身功效

　　双手前伸后摆，可以疏通经脉之气，而上举下按，可以增加肺活量，增强肺部功能，进而改善慢性支气管炎、肺气肿等病症。

第十式 鸟飞

动作分解

动作1 接上式。双腿微屈，双掌成"鸟翅"合于腹前，掌心相对；目视前下方。

动作2 右腿伸直独立，左腿屈膝抬起，脚尖指向地面，小腿自然下垂，同时双臂成展翅状，沿体侧向上平举，稍高于肩，掌心向下；目视前方。

动作3 左脚下落于右脚旁，脚尖点地，双腿微屈，同时双掌合于腹前，掌心相对；目视前方。

动作4 右腿伸直独立，左腿屈膝上提，脚尖指地，小腿自然下垂，同时双掌经体前向上举至头顶上方，双臂尽量伸直，掌背相对，指尖向上；目视前方。

动作5 左脚下落于右脚旁，全脚掌着地，双腿微屈，双掌成"鸟翅"合于腹前，掌心相对；目视前下方。

动作6 左腿伸直独立，右腿屈膝抬起，脚尖指向地面，小腿自然下垂，同时双臂成展翅状，沿体侧向上平举，约与肩同高，掌心向下；目视前方。

动作7 右脚下落于左脚旁，脚尖点地，双腿微屈，同时双掌合于腹前，掌心相对；目视前方。

第二篇　熊经鸟伸 调理身心 五禽戏

动作8 左腿伸直独立，右腿屈膝上提，脚尖指地，小腿自然下垂，同时双掌经体前向上举至头顶上方，双臂尽量伸直，掌背相对，指尖向上；目视前方。

动作9 右脚下落于左脚旁，全脚掌着地，双腿微屈，同时双掌掌心相对，合于腹前；目视前下方。

习练注意： 重复动作1～动作9，1遍。

动作10 1遍结束后，然后双掌向身体侧前方举起，掌心向上，约与胸同高；目视前方。

动作11 双臂屈肘，双掌内合、下按，自然垂于体侧；目视前方。

习练口诀

鸟翅合腹脚趾地,双臂平举展翅飞。

习练提示

- 配合呼吸法,即双掌上举时吸气,双掌下落时呼气。
- 手、脚配合要协调一致,尽量做到同起同落。
- 双臂侧举时,尽量打开胸部;双臂下落时,尽量挤压胸部。

错误动作

错误1

错误1　腿屈膝上提、双臂平举时,膝外展,手臂太直,重心不稳。

正确练法　右腿抬起时与右腹平行,双臂平展要有一个缓缓上举的过程。

错误2　双掌合于腹前时,呼吸不畅,直立不稳。

正确练法　双臂上举时,提胸收腹;双臂下落时,松腰松腹。

健身功效

　　双臂的上下运动并配合呼吸,可以起到按摩心肺的作用,增强血氧交换能力;手指的上翘紧绷,可以加强肺经经气的流通,进而提高心肺功能;提膝独立运动,可以增强人体平衡。

收势　引气归元

动作分解

动作1 接上式。双掌经体侧上举至头顶上方，掌心向下；目视双掌。

动作2 双掌指尖相对，沿体前缓慢下按至腹前。
习练注意：重复动作1～动作2，2遍。

动作3 双掌于体前慢慢划弧，掌心相对，高约与脐平；目视前方。

动作4 双手在腹前合拢，虎口交叉、叠掌；静养，呼吸调匀，意守丹田。

动作5 数分钟后，双眼慢慢睁开，双手在胸前搓掌至热，贴面部，上、下摩擦，浴面3~5遍。

动作6 双掌顺头顶、耳后、胸前下落，垂于体侧；目视前方。

动作7 左脚提起与右脚并拢，前脚掌先着地，后全脚掌踏实，恢复成预备势；目视前方。

习练提示

- 配合呼吸法，即双掌上举时吸气，双掌下落时呼气。
- 双掌由上向下按时，身体各个部位随之放松，直达脚底涌泉穴。
- 双掌相叠时，男性左掌在上，女性右掌在上。
- 双掌在胸前划平弧时，要自然衔接，意将气息合抱于丹田。

错误动作

错误1　双掌上举带动双肩上抬，胸廓上提。
正确练法　双掌上举时，重心固定，肩膀下沉放松。

错误2　双掌在腹前画平弧时，没有目标，路线不清。
正确练法　双掌运行时将意念放在掌心。

健身功效

　　引气归元势将练功时所得的体内、体外之气，导引归入丹田，起到和气血、通经脉、理脏腑的功效；而搓手、浴面又将气息逐渐平和，利于收功。

源远流长　刚柔相济

易筋经

第三篇

第六章　源远流长易筋经

易筋经的起源和发展

易，改变、脱换的意思；筋，就是筋脉、肌肉、筋骨；经，是方法、指南、权威性著作之意。三个字合起来，意思一目了然，即为活动筋骨的权威著作。易筋经是我国古代流传下来的一套健身养生大法，由于其易学易练，连贯舒缓，且具有较好的修心养神、御邪疗疾、延年益寿等功效而深受群众喜欢。

关于易筋经的起源，一直佛说佛理，道说道源。现在认可度较高的主要有两种说法。一种认为易筋经起源于我国秦汉时期的导引术。导引术是从原始社会的"巫术"发展而来的，到春秋战国时为各养生家所必练。到唐宋年间，易筋经被一位僧侣改编，至明代便开始流传于社会。另一种认为易筋经起源于"五禽戏"和"八段锦"。因为三者之间不仅在修炼本源和指导思想上极为一致，时间上也颇符合演化规律。而五禽戏的发展，其实早在汉代时就已非常系统和完善，到唐代时更是发展出许多流派；而关于八段锦的最早文字记录则出现在北宋政和年间。随着时间的轨迹，易筋经一词大约到清代中晚期时正式确立。

不过，从目前的文献资料看，前一种观点似乎更具有说服力。因为，1974年在湖南长沙马王堆汉墓出土的帛画《导引图》中，有四十多幅姿势各异的导引图，与现今易筋经相对照，发现易筋经的基本动作都可以在其中找到原型，这更能证明易筋经来自于中国的传统文化，而绝非外来物。

易筋经在很长的一段时间内，不被世人所熟悉。除了少林寺和一些注重养生之人对其参悟较透外，普通百姓对其知之甚少。一直到清代，这种情况才有明显改变，甚至一度火热。到今天，由于易筋经简单易学，对场地和器材没有任何要求，而且动作舒缓优美，效果明显，逐渐成为普通人的必做"功课"。

《易筋经》中有这样一段

话：＂筋弛则病，筋挛则瘦，筋靡则痿，筋弱则懈，筋缩则亡，筋壮则强，筋舒则长，筋劲则刚，筋和则康。＂用"易筋"之法来锻炼人体肌肉，改善人体经脉，调节人体筋脉，真是外练筋骨、内壮脏腑，健身又强体。易筋经作为一种纯粹的武学技术，其本质就在于调节人体的生理功能，使普通人体能获得超常的或者是对固有生理极限的突破。这是易筋经千年不衰的生命力所在。

易筋经尤其适合中老年人，长期习练，既可愉悦身心、强身健体、延年益寿，又可增强机体功能。另外，儿童习练易筋经，可强健身体；青少年习练易筋经，利于发育，使身体更加强壮有力；中年人习练易筋经，可缓解压力，调节心理，舒畅情绪，消除疲劳，补充精力；老年人或有病的患者，习练易筋经有助于提高体质，恢复健康。另外，易筋经对女性更有效，不仅可促进体内氧气的供给，能使女性焕发新的活力，更能塑身修型，养颜燃脂。

易筋经简单又实用，真是既治病又益身，相信在不久的将来，易筋经的发展会更加壮大，易筋经也会真正进入全民时代，更多人会沉醉于易筋经的舒缓与优美之中。

神奇的养生效果

1. 全方位的运动，强筋健骨

肢体舒展是习练易筋经的基础，因而习练易筋经时，四肢、躯干、关节都需要完全、彻底、充分地屈伸、扭转，从而牵拉机体各部位骨骼及关节，并且尽可能多角度、多方位地活动，争取使身体处于柔和而充满力道的"动"中。

长期习练，可提高肌肉、肌腱、韧带等组织的柔软性、灵活性，还可促进血液循环，促进机体新陈代谢，从而达到强健筋骨的目的。

2. 祛病疗疾，调整生理功能

现代医学证明，习练易筋经的益处较多，比如，可加强人体血液循环，改善内脏功能，延缓衰老，防治心血管疾病、呼吸系统疾病、消化系统疾病以及尿频尿急、头痛头晕、失眠多梦等病症。另外，习练易筋经时要求心情宁静，全身放松，保持一种良好的情绪，再配合身体的扭转拉伸、手足推挽，既利于调整失调的生理功能，也可达到祛疾健身、延年益寿的目的。

需要注意的是，易筋经运动量较大，动作难度较高，适宜体力充沛者习练；对于体质虚弱的人，如果想练，谨记要量力而行，适时调整习练难度及习练时间等。

3. 平衡阴阳，畅通气血

《内经》有语：＂阴平阳秘，精神乃治；阴阳离决，精气乃绝。＂大意就是，人体阴阳之气决定身体健康。而习练易筋经，可增强人体真气的运行，使大脑和身体得到充分的放松休息，进而达到全身阴阳平衡、形神统一、全身协调的效果。

中医认为：＂气为血之帅，血为气之母。＂气，是维持生命活动最基本的物质，可温养肌肤、抵御外邪，还参与着脏腑的活动。血，是神经活动的补给站，它穿行于全身，起着营养和滋润全身的作用。易筋经正是以中医经络走向和气血运行来指导气息的升降，可使关窍通利，气血流畅，从而改善气血运行，达到强身健体的目的。

易筋经的习练特点

1. 简单安全，适合各种人群习练

易筋经刚柔并济，动作简单，尤其适合体弱多病者和中老年人习练。习练易筋经对场地要求不限，可大可小，只要双脚可平稳站立，利于活动即可，真是想练就练！

2. 静心松体，动作到位

内心平静愉悦，身体放松自然，上肢、下肢尽量伸展，只有这样，才算真正达到习练易筋经的基本要求。而在习练时，不论是胳膊还是腿部、躯干、脊背都要充分屈伸扭转，只有在此基础上，才有助于易筋经功效的发挥，才能更好地达到强身健体的作用。

3. 柔中带刚，动中有静

习练易筋经最明显的特点就是动作舒缓柔和，和谐连贯，犹如行云流水，犹如数千条小溪娓娓而集。此套功法刚柔并济，看似轻盈，实则充满力道；看似有力，却又绵绵如雨。此外，习练易筋经时必须保证全身上下都动起来，从而使运动更为协调，达到养生益寿的目的。

4. 旋转屈伸的支柱——脊柱

脊柱，又称脊梁，是人体直立的主要"柱子"之一，由椎骨、韧带、脊髓等组成。而神经系统是由位于颅腔和椎管里的脑和脊髓，以及周围神经所组成，它控制和协调各个器官、系统的活动。另外，脊柱的运动还可带动四肢、内脏动起来。所以，脊柱的旋转屈伸可以刺激神经系统，增强其控制和调节功能，进而达到形神合一、祛病益寿的目的。

易筋经的习练指南

1. 习练准备

① 准备轻柔舒缓的音乐，利于引导入静，强化习练效果。

② 宽松的练功服，平底舒服的运动鞋。忌紧身衣。

③ 做一些预热活动，尤其是冬天，比如压腿、踢腿等，可防止过度牵拉而受伤。

④ 习练前要全身放松，闭目静心。

⑤ 根据自身情况，进行针对性的习练。比如患有颈肩部疾病，可以多习练韦驮献杵第一势、韦驮献杵第二势、韦驮献杵第三势、摘星换斗势及出爪亮翅势。但总体来说，还是以整套习练为宜。

2. 时间宜忌

① 饭前饭后45分钟内不宜习练。

② 《易筋经》原文中记载"日行三次"，即每日早、中、晚三次。如果无法坚持每天三次，可以早、晚各练1次，一次练2遍，功效不减。

③ 冬日气温较低，应选择太阳出来，即9点以后习练，此时不仅温度有所上升，而且污染物较少。

3. 身心宜忌

① 情绪较为激动时不宜练。

② 心情烦躁郁闷时不宜练。

③ 激烈运动后不宜练。

④ 饱胀、饥渴、酗酒等情况下不宜练。

⑤ 有失眠现象者睡前不宜练。

⑥ 心血管病患者上午不宜练，因为此时患者血压和体温较高。

4. 刚柔宜忌

① 动作过程中，身体放松，将全身力气"软化"，忌紧张僵硬。

② 手臂回收时，松腕、沉肩、坠肘，忌随意散漫。

③ 动作定势时，宜加强肌肉的力量。

④ 忌用蛮力、硬力，尤其对颈、肩、腰、腿疾病患者，还会使病情加重。

5. 要领宜忌

① 忌浮躁、杂念，要内心平静，自然放松，做到意随形走，意气相随。

② 刚柔配合，虚实协调。

③ 特定动作配合发音，比如"三盘落地势"中，身体下蹲、两掌下按时，要口吐"嗨"音。

④ 忌急于求成、强求动作完美，一定要结合自身实际情况进行习练。

易筋经的基本动作

1. 手型

（1）握固　拇指抵掐无名指根，其余四指并拢捻定拇指。

（2）柳叶掌　五指伸直，并拢。

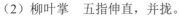

（5）虎爪　五指伸直，分开，第1、第2指关节弯曲内扣。

2. 步型

（3）荷叶掌　五指伸直，张开。

（4）龙爪　五指伸直，分开，拇指、示指、无名指、小指内收，与中指成45°。

（1）马步　两腿分开站立，脚间距离为脚长的2～3倍，然后两腿屈膝半蹲，大腿略高于水平。

（2）弓步 身体直立，一脚向前跨出一大步，且双腿之间保持一定的距离，然后前腿弯曲，直到大腿与地面近于平行，膝盖与脚尖相对，脚尖微内扣；后腿自然伸直，全脚掌着地，脚跟蹬地，脚尖微内扣。

（3）丁步 双脚分开，间距10～20厘米；双腿微屈膝半蹲，左脚脚跟提起，脚尖虚点地面，置于后脚足弓处；右脚全脚着地。如左脚脚尖提起，则为左丁步，反之为右丁步。

第七章　分步图解易筋经

预备势

动作分解

习练提示

● 身体中正放松，心平气和，自然呼吸。

错误动作

错误　心浮，杂念多；手和脚的摆放不自然。

正确练法　可通过调息数次使心理、身体恢复自然状态，从而逐渐进入练功状态。

健身功效

预备势动作较为简单，通过对身体、呼吸的调整，达到宁静心神、内安五脏、外正身形的效果。

养生课堂

百会虚领：百会，即百会穴，位于头部正中线与两耳尖连线的交点处；虚领，即上顶时颈部肌肉要放松，不能僵硬。百会虚领的意思为感到百会穴处有一股劲徐徐往上升。

动作　双脚并拢站立，双手自然垂于体侧，五指并拢微屈，下颌微收，百会虚领，唇齿合拢，舌自然平贴于上腭；头正颈直；目视前方。

第一式　韦驮献杵第一势

动作分解

侧面图

动作1 接上式。左脚向左侧开步，两脚平行，且与肩同宽，两膝微微弯曲，成开立姿势；双手自然垂于体侧，五指自然并拢。

动作2 两臂自体侧向前平举，至与肩平行，掌心相对，指尖向前。

动作3 两臂屈肘，自然回收，两掌合于胸前，两手掌根与膻中穴同高，指尖向斜前上方约30°，虚腋；目视前下方，动作稍停。

养生课堂

膻中穴：在胸部，两乳头连线的中点。

习练口诀

立身期正直，环拱平当胸；
气定神皆敛，心澄貌亦恭。

习练提示

- 两掌合于胸前时，应与膻中穴同高，且稍停片刻，松肩虚腋，以达气定神敛之功效。
- 如果两掌高于膻中穴，易导致抬肘，从而造成肩部肌肉紧张；如果两掌低于膻中穴，两肩会松懈。这两种情况都不利于功法的习练。
- 虚腋一定要做到位，这一动作给人的感受犹如腋下夹个鸡蛋。

错误动作

错误1 两掌合于胸前时，位置不标准，且与身体平行。
正确练法 保持体松心静，双掌掌根约与膻中穴同高，手掌与身体约呈30°。

错误2 两掌合于胸前时，双肘太高或太低。
正确练法 双掌合于胸前时，耸肩沉肘。

健身功效

两臂的回收、两掌的相合，既可起到气定神敛、均衡身体、改善神经系统的效果，还有助于改善颈肩功能，促进血液循环，消除身体疲乏。

第二式 韦驮献杵第二势

动作分解

动作1 接上式。两肘向上慢慢抬起，直至掌臂约与肩平，两掌伸平，掌心向下，手指相对。

动作2 两掌水平向前伸展打开，保持掌心向下，指尖向前，至两臂平行。

动作3 两臂向左右分开至侧平举。

习练口诀

足趾挂地,两手平开;
心平气静,目瞪口呆。

习练提示

- 保持呼吸自然,气定神敛。
- 坐腕立掌时,以掌根为基,两掌用力外撑,两脚趾抓地。

五指自然并拢,坐腕立掌,两足趾抓地,目视前下方。

错误动作

错误1　两臂侧平举时不呈水平状。
正确练法　自然伸直,约与肩同高。

错误2　坐腕立掌时,肩膀僵硬,近身。
正确练法　两掌外撑,导引肩关节主动外展,一方面可使双肩自然打开;另一方面可达到伸筋拔骨的效果。

健身功效

　　立掌外撑时,也要使两肩关节主动外展,从而带动整个上肢的充分伸展,这样可以提高肩、臂的肌肉力量,达到伸筋拔骨的功效,进而改善肩关节的活动能力。另外,第二式还具有疏理上肢经络、调练心肺之气、改善呼吸功能及气血运行的作用。

第三式　韦驮献杵第三势

动作分解

动作1 接上式。松腕，两臂平举自然向前划弧，内收至胸前平屈，掌心向下，掌与胸相距约一拳；目视前下方。

动作2 两掌同时内翻，且抬高至耳垂下，掌心向上，虎口相对，两肘外展，约与肩平行。

动作3 身体重心前移，感到全身的支撑点在前脚掌上，缓慢提脚后跟，同时两掌上托至头顶，掌心向上，展肩伸肘；微收下颌，舌抵上腭，咬紧牙关，稍立片刻。

习练口诀

掌托天门目上观，足尖着地立身端；
力周髋胁浑如植，咬紧牙关不放宽；
舌可生津将腭抵，鼻能调息觉心安；
两拳缓缓收回处，用力还将挟重看。

> **养生课堂**
> 天门穴：位于两眉中（印堂）至前发际成一直线。

习练提示

- 两掌上托时，重心稍向前移，前脚掌支撑，力达四肢，下沉上托，脊柱竖直。
- 上托时，目视前方，自然呼吸，意想通过"天门穴"注视两掌。
- 体弱者或老年人，可自行提高脚后跟的高度。

错误动作

错误1　两掌上托时，夹臂；目视前方或两掌。
正确练法　两掌上托时，伸肘，两臂夹耳，注意松肩虚腋；下颌收回，心神宁静，目视前下方。

错误2　双手翻掌于耳垂下时，双臂夹体。
正确练法　双臂尽量外展，高约与肩平。

健身功效

　　本式整体趋势向上伸展，可带动上、中、下三焦及手足三阴五脏之气，因而具有调理五脏六腑经络及内外、上下之气，改善肩关节，促进全身血液循环的功效。

第四式 摘星换斗势

动作分解

背面图

动作1 接上式。两脚跟缓缓落地，同时两手握拳，拳心向外，两臂下落至侧上举。

动作2 两拳缓缓展开成掌，掌心斜向下，全身放松；目视前下方。

动作3 身体左转，膝盖微屈，同时右臂上举经体前下摆至左髋关节外侧，左臂经体侧下摆至体后，左手背轻贴命门穴；目视右手。

动作4 直膝，身体转正，同时右手经体前向额上摆至头顶右上方，松腕，肘微微弯曲，掌心向下，手指向左，中指尖与肩髃穴垂直；左手背轻轻贴住命门穴。

动作5 右臂上摆时，眼随手走，定势后目视掌心。静立片刻，两臂向体侧自然伸展。

提示

右摘星换斗势与左摘星换斗势动作相同,唯方向相反。

养生课堂

命门穴:在腰部,当后正中线上,第2腰椎棘突下凹陷中。

肩髃穴:在肩部,三角肌上,臂外展或向前平伸时,当肩峰前下方凹陷处。

习练口诀

只手擎天掌覆头,更从掌内注双眸;
鼻端吸气频调息,用力收回左右眸。

习练提示

- 转身时以腰带肩,以肩带臂,松腰松腹。
- 目视掌心时,要似有似无,看似无意,实意注命门穴。
- 自然呼吸,老人和颈肩病患者可以适当减小习练幅度。

错误动作

错误1　双臂握空拳下落时,手臂弯曲。
正确练法　手臂保持自然伸直。

错误2　在做动作3转身时,膝关节也跟着转,两肩一高一低,不协调。
正确练法　转身时以腰带肩,以肩带臂,且两肩应平转。

错误3　右手从体前上摆至头顶右上方时,腕部僵硬,五指外张。
正确练法　腕部放松,中指垂直于肩髃穴。

健身功效

通过阳掌转阴掌(掌心向下)的动作导引,目视掌心,意存命门穴,将发动的真气收敛,下沉入腰间两肾及命门穴,可达到活动颈椎各关节、壮腰健肾、延缓衰老的功效。

第五式 倒拽九牛尾势

动作分解

动作1 接上式。左手缓慢下落,左脚向左侧后方约45°撤步,右脚跟内转,右腿屈膝成右弓步。

动作2 左手内旋,向前、向下划弧后渐伸,手指从小到大逐个内屈成拳,拳心向上;右手向前上方划弧,伸至与肩平,手臂微向上弯,且手指亦逐个内屈成拳,拳心向上,身体重心向后移,左膝微屈;腰稍右转,以腰带肩,以肩带臂,右臂外旋,左臂内旋,屈肘内收;目视右拳。

动作3 身体重心向前移,屈膝成弓步,腰稍左转,以腰带肩,以肩带臂,两臂放松前后伸展;目视右拳。

习练注意:重复动作2~动作3,3遍。

动作4 身体重心前移至右脚,收回左脚,右脚尖转正,两脚成开立姿势;两臂自然垂于体侧;目视前方。

提示

左倒拽九牛尾势与右倒拽九牛尾势相同,唯方向相反。

习练口诀

两髋后伸前屈,小腹运气空松。
用力在于两膀,观拳须注双瞳。

习练提示

- 以腰带肩,以肩带臂,以臂带拳,力贯双膀。
- 双臂用力拉拽时,需有拉拽牛尾的感觉。拉拽时,先腰腹用力旋转,接着下肢弓步腿伸直,箭步腿弯曲,最后重心后移。
- 拉伸旋转时,要注意松紧适宜,与腰部运动紧密配合。
- 后退步时,注意掌握重心,保持身体平稳。

错误动作

错误2

错误1 双手握拳时,动作太快或不标准。
正确练法 先五指张开,拳心向上,然后从小指开始依次屈指握拳。

错误2 两臂拉拽屈伸时,力道僵硬,且幅度不够,甚至还有前俯后仰的情况。
正确练法 两臂保持放松自然的状态。

错误3 手臂内收时没有旋转,或旋转太快。
正确练法 先将腰与脊柱的旋转表现出来,手臂随之旋拧。

健身功效

通过腰的扭动,带动肩胛活动,从而刺激背部夹脊穴、肺俞穴、心俞穴等穴,达到改善四肢活动能力、锻炼背部、调练心肺、改善血液循环、提高肌肉力量及身体协调性的功能。

养生课堂

夹脊穴:在腰背部,当第1胸椎至第5腰椎棘突下两侧,后正中线旁开0.5寸,左右各17穴。

肺俞穴:背部,当第3胸椎棘突下,旁开1.5寸。

心俞穴:在背部,当第5胸椎棘突下,旁开1.5寸。

第六式　出爪亮翅势

动作分解

接上式。两脚成开立姿势，同时右臂外旋，左臂内旋，摆至侧平举，两掌心向前。

动作2 两臂平行前移，环抱至体前，两臂内收，两手变柳叶掌立于云门穴前，掌心相对，间距略小于胸宽，指尖向上；目视前下方。

动作3 打开肩膀，扩展胸部，然后放松肩部，两臂缓缓前伸，并逐渐转掌心向前，成荷叶掌，指尖向上；瞪目。

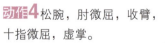松腕，肘微屈，收臂，十指微屈，虚掌。

习练注意： 重复动作3～动作4，3～7遍。

动作5 立柳叶掌于云门穴；目视前下方。

习练口诀

挺身兼怒目，推手向当前；
用力收回处，功须七次全。

> **养生课堂**
>
> 云门穴：在胸前壁外上部，肩胛骨喙突上方，锁骨下窝凹陷处，距前正中线6寸。

习练提示

- 收掌时自然吸气，如海水还潮；推掌时自然呼气，先轻推，后重推。
- 出掌时为荷叶掌，收掌于云门穴时为柳叶掌，且要扩展双肩。

错误动作

错误1　呼吸不自然，不匀畅。

正确练法　呼吸自然是习练易筋经最基本的要求，所以练时需调整气息，保证在一个宁静舒心的状态下，不妨按照"推呼吸收"的规律练习。

错误2　推掌时，不用内劲，而是用蛮力或软弱无力。

正确练法　出掌时，要肩胛内收，逐渐用力。

错误2

健身功效

通过伸臂推掌、屈臂收掌、展肩扩胸等动作，可反复启闭云门穴、中府穴等穴，从而促进自然之清气与人体之真气在胸中交汇融合，以改善呼吸功能，另外还可提高上肢肌肉力量，改善气血运行。患有颈肩疾病的患者，可适当多练习，有较好的治疗效果。

第七式　九鬼拔马刀势

动作分解

动作1 接上式。躯干向右转，同时右手外旋，掌心向上；左手内旋，掌心向下，两掌相对。

动作2 打开身体，右手由胸前内收，经右腋下后伸，掌心向外；同时左手由胸前伸至前上方，掌心向外。

动作3 躯干稍稍向左转，双手反向划弧，右手经体侧向前上摆至头前上方后屈肘，由后向左绕头半周，头右转，右手中指按压耳郭，手掌扶按玉枕穴。同时左手经体左侧下摆至左后，屈肘，手背贴于脊柱，掌心向后，指尖向上。目随右手动，定势后视左后方。

动作4 身体向右转，展臂扩胸；目视右上方，动作稍停。

动作5 微微屈膝，同时上体左转，右臂内收，含胸；左手沿脊柱尽量上推，目视右脚跟，动作稍停。

习练注意：重复动作4～动作5，3遍。

动作6 伸直双膝，身体转正；右手向上经头顶上方向下至侧平举，同时左手经体侧向上至侧平举，两掌心向下；目视前下方。

提示

左九鬼拔马刀势与右九鬼拔马刀势相同；唯方向相反。

习练口诀

侧首弯肱，抱顶及颈，
自头收回；
弗嫌力猛，左右相轮，
身直气静。

习练提示

- 动作对拔拉伸时，尽量用力。一手臂尽可能贴于脊柱，另一手臂按压耳郭，手掌扶按玉枕穴。
- 配合呼吸法，扩胸展臂时自然吸气，松肩合臂时自然呼气；两臂内合、上抬时自然呼气，起身展臂时自然吸气。
- 高血压病、颈椎病患者和年老体弱者，头部转动的角度应小而缓。

> **养生课堂**
>
> 玉枕穴：在头后部，当后发际正中直上2.5寸，旁开1.3寸，平枕外隆凸上缘凹陷处。

错误动作

错误1　屈膝合臂时，身后的手臂易放松。
正确练法　合臂时，身后的手尽可能贴于脊柱，向上推进。

错误2　屈膝下蹲时，重心不稳。
正确练法　身体自然放松，不急不缓，重心就不会偏移一侧。

错误3　头部转动幅度过大。
正确练法　头部不要随意转动。

错误4　屈膝下蹲时，两肘外展。
正确练法　下蹲时，两肘合拢。

健身功效

通过身体的扭曲、伸展等运动，使全身真气开合启闭，达到活动脾胃、疏通关节、强肾护肾的功效，利于改善颈肩活动功能及腰背部的肌肉力量，从而提升人体各关节的活动功能。

第八式　三盘落地势

动作分解

动作1 接上式。左脚向左侧开步，两脚距离约宽于肩，脚尖向前，两手平举，掌心向上；目视前下方。

动作2 屈膝，下蹲，沉肩，坠肘，两掌逐渐用力向下按，约与环跳穴同高，两肘微微弯曲，掌心向下，指尖向外，目视下方。同时口吐"嗨"音，吐尽时，舌尖向前轻抵上下牙之间，吐音终止。

动作3 掌心向上翻转，肘微屈，双掌上托至侧平举，同时缓缓起身直立；目视前方。

习练注意：重复动作2～动作3，3遍。第1遍微蹲；第2遍半蹲；第3遍全蹲。

习练口诀

上腭坚撑舌，张眸意注牙；
足开蹲似距，手按猛如拿；
两掌翻齐起，千斤重有加；
瞪睛兼闭口，起立足无斜。

习练提示

- 易筋经中只有三盘落地势配合有声音。发出"嗨"音时，口微张，音从喉部出。
- 下蹲时，松腰、裹臀；起身时，两掌如托千斤重物。
- 年老和体弱者下蹲深度可灵活掌握。

错误动作

错误1　下蹲时，上身前俯后仰。
正确练法　不管是下蹲还是起身时，上身都要保持直立。

错误2　下蹲时，直臂下按。且忽略"嗨"音。
正确练法　下蹲时，肘微屈，两掌逐渐下按，记着还要口吐"嗨"音。

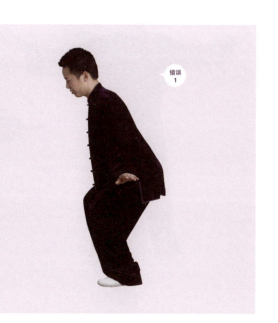

错误1

健身功效

口吐"嗨"音配合下蹲动作，利于体内之气沉于丹田，从而使体内真气在胸腹间有序地升、降，不仅增强了腰腹及下肢的力量，还起到强腰固肾的作用。同时，下肢的屈伸活动，可以提高肢体的活动功能。

第九式 青龙探爪势

动作分解

动作1 接上式。左脚收回半步，约与肩同宽；两手握固，两臂屈肘内收至腰间，拳轮贴于章门穴，拳心向上；目视前下方。

动作2 右拳变掌，右臂伸直，经下向右侧外展，略低于肩，掌心向上，目随手动。

动作3 右臂屈肘，松腕，右掌变"龙爪"，指尖向左。

动作4 "右龙爪"向身体左侧水平伸出，目随手动；躯干随之向左转约90°；目视"右龙爪"所指方向。

动作5 "右龙爪"变回掌，身体随之向左前屈，掌心向下按至左脚外侧；目视下方。

动作6 躯干由左前屈转至右前屈，并带动右手经左膝或左脚前划弧至右膝或右脚外侧。

动作7 手臂外旋握固，拳心向前，然后上体慢慢直立；右拳随上体抬起，收于章门穴，拳心向上；目视前下方。

提示

右青龙探爪势与左青龙探爪势动作相同,唯方向相反。

养生课堂

章门穴:在侧腹部,当第11肋游离端稍下方。屈肘合腋时正当肘尖尽处。

习练口诀

青龙探爪,左从右出;修士效之,掌平气实;
力周肩背,围收过膝;两目注平,息调心谧。

习练提示

- 躯干转体,都需做到约90°。
- 动作2中,手掌起来时,要直体转身,不要斜肩、弯腰。
  变龙爪时,五指要伸直、分开,不要弯曲。除大拇指外的其余四指要内收,力在"爪心"。伸臂探"爪",下按划弧,力注肩背,且膝盖不能弯曲,动作要自然、协调。
- 年老和体弱者前俯下按或划弧时可根据自身状况调整幅度。

错误动作

错误1 右掌变龙爪时,眼睛没有随着手动,且手指弯曲。
正确练法 变爪时,要目随"爪"走,意存"爪"心。

错误2 身体前俯时,双腿弯曲,动作幅度过大。
正确练法 前俯时,幅度要适宜,膝盖直立。

错误3 手掌下按时,直体下按。
正确练法 下按手先收回,屈肘,然后沿体侧缓缓下按于脚面。

错误4 手臂由体侧展开时,斜肩,且与转体动作不一致。
正确练法 直体转身,肩不斜,手掌打开,手臂伸直上抬。

健身功效

中医认为"两肋属肝""肝藏血,肾藏精",二者同源。通过转体、左右探爪及两手"握固"并贴于章门穴,可达到改善腰部及下肢肌肉的活动功能,具有改善腰部及下肢肌肉活动功能、疏肝理气、调理脾胃的功效。

第十式 卧虎扑食势

动作分解

动作1 接上式。右脚尖内扣约45°，左脚收至右脚内侧成丁步；同时身体左转90°，两手握固于腰间章门穴不变；目随转体，视左前方。

动作2 左脚向前迈一大步，成左弓步状；同时两拳提至肩部云门穴，并内旋变"虎爪"，肘稍屈，向前扑按，如虎扑食；目视前方。

动作3 躯干由腰到胸逐节屈伸,重心随之前后适度移动;同时两手随躯干屈伸向下、向后、向上、向前绕环各一周。

第三篇　源远流长　刚柔相济　易筋经

侧面图

动作4 上体下俯，两"爪"下按，十指指腹着地；后腿屈膝，脚趾着地；前脚跟稍抬起，随后塌腰、挺胸、抬头、瞪目，动作稍停。

动作5 起身，双手握固重新收于腰间章门穴，身体重心随之后移，左脚尖内扣约135°；身体重心左移，同时身体右转180°，右脚收至左脚内侧，成丁步。

提示

右卧虎扑食势与左卧虎扑食势动作相同，唯方向相反。

习练口诀

两足分蹲身似倾，屈伸左右髋相更；
昂头胸作探前势，偃背腰还似砥平；
鼻息调元均出入，指尖着地赖支撑；
降龙伏虎神仙事，学得真形也卫生。

习练提示

- 成"扑虎"式时，"虎爪"应十指伸展，下按着地时要抬头、挺胸、塌腰、瞪目、腰背部成反弓形。
- 虎爪要求五指弯曲，力在指尖。
- 体会从胸到腰的逐节屈伸，用躯干的蠕动带动双手环绕，忌幅度过大。
- 年老体弱者可根据自身状况调整动作幅度。

错误动作

错误1　俯身的时候，含胸，头晃。
正确练法　俯身时，躯干保持直立，目视前上方。

错误2　由腰至胸的逐节屈伸中，幅度过大。
正确练法　在逐节屈伸时，胸椎、腰椎要做出波浪状，脊椎的蠕动也要做出来。

错误3　做虎爪时，五指弯曲度过大或过小。
正确练法　做"虎爪"时，五指末端弯曲，力在指尖。

健身功效

通过两手"虎爪"的十指伸展、下按、抬头、挺胸、塌腰、后仰等动作，可调理任脉及阴经之气，长期习练，可畅通气血，改善腰腿肌肉活动功能，起到强健腰腿的功效。

第十一式　打躬势

动作分解

动作1 接上式。起身，身体重心后移，然后再将身体转正，右脚尖内扣，脚尖向前，左脚收回成开立姿势，同时两手随身体左转放松，外旋，掌心向前，双臂外展至侧平举；目视前方。

动作2 双臂屈肘，以两掌掩耳，十指扶按枕部，指尖相对，并以两手示指弹拨、中指击打枕部7次（即鸣天鼓）；目视前下方。

动作3 身体前俯，由上向下，经过头、颈椎、胸椎、腰椎、骶椎，逐节缓缓牵引前屈，动作要缓慢，两腿伸直；目视脚尖，停留片刻。

动作4 由骶椎至腰椎、胸椎、颈椎、头，由下向上依次缓缓逐节伸直后，直立；同时两掌掩耳，十指扶按枕部，指尖相对；目视前下方。

习练注意：重复动作3～动作4，3遍，并逐渐加大身体前屈幅度，稍停。第1遍前屈小于90°，第2遍前屈约90°，第3遍前屈大于90°，年老体弱者可分别前屈约30°、45°、90°。

习练口诀

两手齐持脑，垂腰至膝间；
头惟探胯下，口更啮牙关；
掩耳聪教塞，调元气自闲；
舌尖还抵腭，力在肘双弯。

习练提示

- 年老和体弱者，可根据自身情况灵活调整习练难度，关键在于安全范围内的前屈和拔伸。
- 打躬势的定势中，身体有3次前伸和伸展，脊柱需分别向上和向下做拔、拉动作。
- 身体起来时，发力在腰，逐渐向上。
- 习练时忌动作太快，一定要做到放松、自然。

错误动作

错误2

错误1　身体前俯时，腰直、腿弯太快。
正确练法　前俯过程中先低头，紧接着是颈椎、胸椎、腰椎，节节拔伸。实际上，这一过程是用头牵引整个脊椎缓缓在动，双腿一定要站直，不能屈膝。

错误2　身体前俯时，屈膝。
正确练法　身体前俯时，双膝要挺直，两肘外展。

健身功效

　　打躬势通过头、颈椎、胸椎、腰椎、骶椎逐节牵引屈伸，使背部督脉得到充分锻炼，发动全身经气，长期习练，可起到锻炼腰背、强健腰腿、消除大脑疲劳的功效。

第十二式 掉尾势

动作分解

动作1 接上式。起身直立，两手猛然拔离双耳（即拔耳）。

动作2 手臂自然前伸，十指交叉相握，掌心向内。

动作3 屈肘，翻掌向前伸，掌心向外。

动作4 再次屈肘，转掌心向下内收于胸前，接着身体前屈，塌腰、抬头，两手交叉缓缓下按；目视前方。

动作5 头向左后侧转动,同时臀向左前扭动;目视尾间,极像狗咬尾的样子。

动作6 两手交叉不动,放松还原至体前屈。

动作7 头向右后转,同时臀向右前扭动;目视尾间。

动作8 两手交叉不动,放松还原至体前屈。

习练注意：重复动作6~动作8,3遍。

习练口诀

膝直膀伸,推手至地;
瞪目昂头,凝神一志。

习练提示

- 高血压病、颈椎病患者和年老体弱者,需根据自身情况调整习练难度和次数,尤其是前屈动作和臀部扭动。
- 身体自然放松,呼吸顺畅均匀,排除杂念。
- 扭头与转臀的时候,头与臀部的运动方向是相反的。

错误动作

错误1　双手拔耳时,动作太慢。
正确练法　双速快速拔离双耳,一定要有"猛然"的感觉。

错误2　为了触地而屈膝,为了看尾闾而刻意甩臀、扭转身体。
正确练法　回头看尾闾时,前屈幅度可以降低,但双膝一定要挺直,最好固定交叉手,抬起头,这样身体就不会随便乱动了。

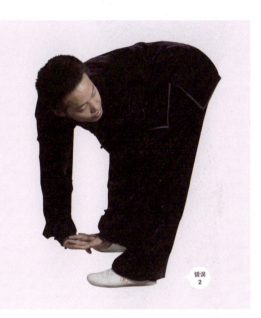

错误2

健身功效

掉尾势中的抬头、翘臀可刺激督脉,伸展任脉,反复摇摆习练利于调和全身气脉,锻炼腰、背肌肉力量,改善脊柱关节的活动功能。

收势

动作分解

动作1 接上式。两手松开，两臂外旋，同时上体缓缓直立，两臂伸直外展成侧上举。

动作2 松肩，屈肘，两臂内收，两掌经头、面、胸前下引至腹部，掌心向下；目视前下方。

习练注意：重复动作1~动作2，3遍。

动作3 两臂放松还原，自然垂于体侧；左脚收回，并拢站立；舌抵上腭；目视前方。

习练提示

● 双手下行时,要匀速缓慢,在第一、第二次双手下引至腹部以后,意念继续下引,经涌泉穴入地。最后一次则意念随双手下引至腹部稍停。

错误动作

错误　两臂上举时,目光随之向上看去。
正确练法　头要保持端正,目视前方。

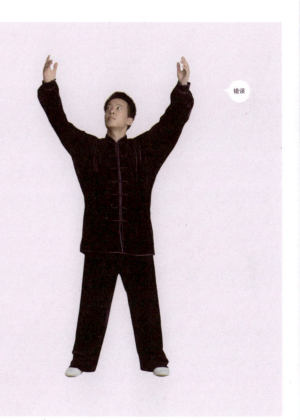

错误

健身功效

通过上肢的上抱下引动作,引气归于丹田,可起到放松全身肌肉、关节的作用。

第四篇

千年传承　24式修身养性

太极拳

第八章　寻根溯源话太极

太极拳的起源

中华武术是和中华文明同步产生并发展起来的，其历史悠久，门派繁多，讲究形体规范，追求精神传意，注重内外兼修。系统归纳起来，中华武术无外乎"外功拳"和"内功拳"两大类。外功拳以少林拳为代表，内功拳则以太极拳为代表。

"太极"一词源于《周易·系辞》中的"易有太极，是生两仪"，含有至高、至极、绝对、唯一的意思。而关于太极拳的起源，说法较多，无一定论。例如，有人说太极拳乃南宋末期张三丰所创，也有人认为是南北朝梁人韩拱月、程灵洗等所创，还有人认为是唐时许宣平或李道子所创，并因此演义出许多极端荒诞的故事。

早期的太极拳被称为"长拳""绵拳""十三势"等。直到明朝万历年间，山西人王宗月所著《太极拳论》，才正式确定了太极拳的名称，进而流传至今。太极拳在古代导引、吐纳之术的基础上，汲取了各家拳法之长，又结合了阴阳学和中医经络学，因而变得更为完善，功效方面也更为显著。

由此可知，太极拳不是一人所创。它是在前人不断开创、总结、整理、修改和完善的基础上逐步形成的。而太极拳不同流派之间也或多或少地相互借鉴和影响，因此，更不会有所谓的"祖创"之说。

太极拳的发展

新中国成立以来，太极拳进入了一个迅猛发展的阶段，到目前为止，其影响力远在其他武术功法之上，甚至有许多人将太极拳称为"世界第一运动"。

太极拳经过长期的流传演变，发展出许多的流派。其中，传习较广、特点较为显著的有陈氏太极、杨氏太极、孙氏太极、吴氏太极、武氏太极等流派。尽管这些流派的开创者各有其人，太极拳的风格、体式也各有异处，但总体的套路和动作顺序基

本一致，而练拳的目的和宗旨也都是强身益骨、健身治病、延年益寿。

1. 陈氏太极拳

陈氏太极是太极拳的主要流派之一，由明末清初的著名拳师陈王廷始创。开始时只编创了5套，随着世代的传习、演化，又新增了2套。前5套被称为老架路，后2套被称为新架路。陈氏太极拳的锻炼原则和练法要求意、气、身三者密切配合，以意念带动气血运行，动腰转脊，节节贯穿，借力制动，舍己从人，听劲懂劲，发劲制敌，刚柔相济，循序渐进。

2. 杨氏太极拳

河北邯郸永年人杨露禅幼时在河南省焦作温县陈家沟一户陈姓人家做雇工，因而有机缘接触学习太极拳。等他长大返回家乡后，依旧保持着习练太极拳的习惯，并慢慢开始教授一些感兴趣的人，由此，太极拳渐渐被十里八乡的人们所知晓。据说，杨露禅习练太极拳已经到了几乎无人能打败的地步，这让许多百姓大为惊讶，从而送了他一个"杨无敌"的赞称；他的拳法连贯舒畅、不急不缓，被称为"软拳""化拳"等。

后来，杨露禅为了让更多的普通百姓也能习练太极拳，便对其进行了修改，尤其是像发劲、纵跳、震足等一系列难度较高的动作。之后，又经一位叫做杨澄甫的人二次修改，才形成了现在最为流行的杨氏太极拳。杨氏太极拳姿势简单，动作舒缓，速度均匀，既适于治疗疾病，又适于强身健体。

3. 孙氏太极拳

孙氏太极拳是武术百花园中的一朵奇葩，是中国近代著名武术家孙禄堂先生集形意、八卦、太极之大成所创立的优秀拳种之一。

孙禄堂早年随形意拳大师郭云深学习形意拳，同时拜八卦掌大师董海川弟子程廷华为师学习八卦掌。后来，机缘巧合又去照顾病中的武禹襄传人郝为真，而蒙其传授太极拳法。之后，孙禄堂便将三者合一，自成一家，人称孙氏太极拳。因内含八卦掌千变万化的特色，

故又称"八卦太极拳"。

孙氏太极拳第二代掌门人孙剑云全面继承和发扬了先父孙禄堂所创立的孙氏太极拳。70多年来，孙剑云守武德、远名利、重洁行，以其年近九旬的高龄奔走于长城内外、大江南北，热心推广中华武术和太极拳。因此，孙老师凭着高尚的武德、高超的武艺和健康的体魄，当选为中国当代十大武术名师和健康老人，并被国家体委授予中国武术高段位、八段武师。

4. 吴氏太极拳

吴氏太极拳是在杨氏太极拳的基础上发展创新而来，始于满族人全佑。全佑得到杨露禅、杨班侯父子的真传，后又吸取陈、杨两家拳法之精华，因而将两者汲取融合，练就了精湛的技艺。后经其子吴鉴泉数十年的研习和拓展，形成一种以柔化为主，拳架紧凑，拳法细腻，轻灵圆活的新架，遂以吴氏命名以区别于其他太极拳法。

全佑有一个传人叫王茂斋，生性忠诚好义，功力扎实。他和吴鉴泉感情深厚。全佑逝世后，他极力维护本门在武林中的地位，与师弟吴鉴泉、郭松亭等深究拳术拳理十几年，相互切磋，不断完善，从而更加丰富了吴氏太极拳。

1928年，吴鉴泉与杨澄甫两位宗师应邀南下授拳，这标志着吴氏架的正式问世，也预示着吴氏架南、北两派的形成。吴鉴泉南下上海，是将吴氏太极拳传播到南方的第一人，也是吴氏太极拳流传到海外的第一人；王茂斋则在北京教拳，为北方吴氏太极拳掌门人。随着吴氏太极拳的发展和壮大，逐渐形成了南北两大分支，南派以上海为中心，北派以北京为中心。从此南北呼应，异曲同工，素有"南吴北王"之称誉。如今，吴氏太极拳早已成为中国太极拳流派的代表之一，其影响较为广泛深远。

5. 武氏太极拳

武氏太极拳起源于清道光年间，为河北永年人武禹襄所创。武禹襄出生在永年广府望族之家，虽本身教书，但酷爱武术，曾同杨氏太极拳创始人杨露禅习练洪拳，后拜河南温县陈清萍为师习练陈氏新架。习练不久，即掌握了所有体式和要领。后来，通过他的兄弟武秋瀛得到王宗岳的《太极拳谱》和一本《太极拳概要图》，回家后便和他的外甥练起来。经过一招一式的尝试及练习，慢慢达到了"心随身动"的境界，并取得了神奇的效果。于是，两人在此基础上创立了不同于陈氏新架的武氏太极拳，并慢慢体会揣摩，总结出了被后人称为经典的太极理论著作，如《太极拳解》、《太极拳十三行功秘解》、《身法八要》、《太极拳四字秘诀》等。

武氏太极拳第二代传人李亦畲（shē）勤于揣摩验证，每练一式，都会把新要诀写于纸上并贴在书房。他精于技击，拳理并茂，后著有《太极拳小序》、《走架打手行工要言》、《五字诀》等。武氏太极拳第三代传人为郝为真。第四代传人为郝月如，曾任永年国术馆馆长，后曾赴广东等地传艺。其著有《太极拳十三要点注解》、《武氏太极拳走架打手》，也为武氏太极拳的确立奠定了基础。

武氏太极拳小巧紧凑，形似干枝老梅，在静中暗含开、合、隐、现。开则俱开，合则俱合，把运力的神意收隐于体内；外示安逸，内固精神，开合转换，渐隐渐现，和杨氏太极拳有着一定的区别。100多年来，武氏太极拳作为中华民族的文化瑰宝，深受人们的喜爱。武氏太极拳本身具有十分重要的价值，而且在武术理论上取得了辉煌的成就，它的一系列著作成为研究我国传统武术文化的重要经典。

中华人民共和国成立后，武术被视为民族文化瑰宝予以继承，太极拳寓健身、表演技术为一体被列为重点研究和推广项目。为了推广和普及太极拳，由国家体委将太极拳进行了简化编制，相继推出了杨、陈、孙、吴、武五氏太极拳著作。各大院校高等学校相继开设了太极拳的课程。而且，自1953年以来，历届全国性武术运动会皆设立太极拳项目。另外，太极拳这项运动还得到了有关医疗部门的认可，把它用以临床实践，并取得了显著成绩。

太极拳的习练特点

1. 动静皆备，拳功并练

动以入门，入门先练拳，练拳式招式。习练时身体要端正、放松，呼吸要均匀、细长，内心要平静，精神要集中。整套动作尽量做到连贯协调，尤其是动作的转换之间。此外，由于功属柔而拳属刚，拳属动而功属静，刚柔互济，动静相因，可以充分调动关节和调节脏腑。所以习练养生太极拳还要求动静皆备，拳功并练。

2. 意念引招式

有为以始，无为以成，练拳先练意。形体的正确、动作的舒缓、呼吸的匀畅、身体的松正、气息的运行、劲力的收发，全部是在"意念"的指导下开始并渐入佳境的。因此，首先需将功法熟记于心，在"心意"的指导下带动身体的一招一式。所以拳术、招法是否规范正确，很多时候与"意念"有密切关系，因此一定要将"练意"的基本功做到位。

3. 体松心愉利功效

练气、练劲、练意的基础是放松，但放松绝不是指把身体处于一种完全松散的状态，而是"行散神不散"。太极拳多是随息放松法，即根据每个人的体质及

外在环境因素，锻炼强度顺应个人能力的一种功法。而随息放松练习法利于动作和生理规律的融合。通体松透，身心进入愉悦舒心的状态，气血随之得以顺畅，于是便有气感，进而可以入道，进阶练气、更向上进。随息放松是锻炼逆腹式呼吸、拳式呼吸的过渡功法。

4. 逆腹式呼吸法

逆腹式呼吸是经过锻炼后养成的符合生理规律和习惯的自然呼吸方式，也是与拳势动作、内气、劲力协调一致的呼吸方式。而养生太极拳即采用逆腹式呼吸法。用这种呼吸方式习练时，形体动作的虚实、开合、呼出、吸入，需各循阴阳，相互协调一致。逆腹式呼吸有助于丹田真气对习练招式的劲力的充分发挥。

神奇的养生功用

1. 益大脑，防治神经系统疾病

在习练太极拳时一定要心静，让大脑皮质处于充分的休息状态，进而通过意念、呼吸、动作配合，完善大脑神经细胞功能，增加神经系统的灵敏性，协调全身各器官。长期习练，对神经衰弱、失眠等有较好的防治作用。

2. 畅血气，提高心肺功能

太极拳动作舒缓，可使全身肌肉放松，长期习练利于心脏血液循环，可预防心脏病。另外，太极拳不同于其他运动，习练时间不宜太短，一定时间的习练可增加机体的供氧量，利于血气顺畅，促进淋巴系统的新陈代谢，加强人体抵抗力，提高心肺功能。

3. 练肌肉，防治骨质疏松

习练太极拳，常常需要重心交换，加之习练中有许多搂、转动作，利于增强身体各部位肌肉的耐力。而老年人由于骨质疏松，常会失去平衡而跌倒，从而导致骨折等病症。在太极拳中，有单腿撑体的动作，可适当加强习练，提高腿部承受力，有益骨质的坚固。所以老年人不妨经常习练太极拳，改善身体的柔韧性，防治骨质疏松。

4. 利消化，防治胃肠疾病

习练太极拳时的逆腹式呼吸法，可对内脏起到按摩作用。而其中某些动作，比如舌抵上腭、唇齿轻闭，会增加唾液的分泌，利于消化。长期习练，对胃病、便秘等都有较好的疗效。

5. 静心神，除压力

习练太极拳要求心静体松，呼吸匀畅，刚柔相济，长期习练可为机体器官增加供氧量，习练后使人感到愉悦轻松、情绪稳定。

总之，经过现代科学化的研究证实，经常习练太极拳不仅可以治疗和预防各种疾病，还能延年益寿。

太极拳的习练指南

1. 时间宜忌

① 一天之内，宜习练7～8遍，如时间不够充足，至少早、晚各1遍。

② 每天习练时间应在30～120分钟。有时只是10分钟，只要长期坚持，也会有好的效果。

2. 场地宜忌

① 以空气流通性较好、光线明暗适中的地方作为习练点，比如庭院、大厅。

② 习练过程中最好不要中断，太极拳失去连贯性，效果会大打折扣。

3. 准备宜忌

① 剧烈运动后，心情未平静时不宜习练太极拳。

② 酗酒、饱食后均不宜习练太极拳。

③ 雷雨、潮湿、发霉天不宜习练太极拳。

④ 习练服装首选宽大舒适的中式短装和柔软合脚的运动鞋。

⑤ 习练后如身体出汗，千万不要贪凉脱衣，更不能用冷水洗澡。

⑥ 女性生理期或身体、心情状态不好时，不宜习练太极拳。另外，在运动量的把握上，女性相对于男性可适当调整。

⑦ 年老体弱及患有不同疾病者，应根据自身情况调整习练动作、幅度及时间。

太极拳的基本动作

1. 基本手型

（1）掌　五指微屈分开，掌心微合，虎口成弧形。

2. 基本步型

（2）勾　五指第1指节自然捏拢，屈腕。

（3）拳　五指卷屈，四指扣于掌心，拇指压于示指、中指第2指节上。握拳不可太紧，拳面要平。

（1）虚步　后腿屈蹲，大腿斜向地面，但高于水平，脚跟与臀部基本垂直，脚尖斜向前方，全脚着地；前腿稍屈，用前脚掌、脚跟或全脚着地都可。左脚在前称为左虚步；右脚在前称为右虚步。

（2）开立步　两脚平行站立，距离约与肩同宽，脚尖朝前，两个肩井穴与两个涌泉穴成两条直线；百会穴与会阴穴成一条直线，两腿微屈，不要用力。

（3）丁步　一腿支撑体重，另一腿脚尖着地脚跟提起。

（4）仆步　一腿全蹲，膝盖与脚尖略外撇，另一腿自然伸直，平铺接近地面，脚尖内扣。

（5）独立步　一腿站立，不可挺得太直，另一腿屈膝提起，小腿下垂，脚尖向前。

（6）弓步　先坐实一腿，另一腿向前外侧迈出，先以脚跟着地，脚尖向外撇，随着重心前移使全脚踏实，两脚成丁八字，前腿弓，后腿蹬，成弓步。

第九章　一招一式练太极

第一式　起势
动作分解

动作1 身体自然直立，两臂下垂，双脚并拢，下颌略内收，两眼平视前方，精神集中，呼吸匀畅。

动作2 左脚向左迈出一步，成开立姿势，双脚间距约与肩同宽，脚尖向前。

动作3 双臂慢慢向上抬起，约与肩同高，掌心向下。

动作4 两腿微屈，慢慢下蹲，两掌随之轻轻下按，落于腹前，两肘与两膝相对；目平视前方。

习练口诀

两脚开立,两臂前举,屈膝按掌。

习练提示

- 心静体松,排除杂念,保证思想的高度集中,保证呼吸的自然匀畅。
- 身法、步法尽量"轻",忌用爆发力或蛮力,习练状态应介于有力和无力之间。

错误动作

错误1　开步时距离过大或过小,甚至会抬脚及重心偏移。
正确练法　开步时身体放松,开步距离约与肩宽。

错误2　掌型不规范。
正确练法　掌型为五指分开,微屈,掌心微含,虎口成弧形。

错误3　下蹲时翘臀。
正确练法　下蹲时需屈膝松腰,身体重心落于两腿之间。

健身功效

　　太极拳的起势动作简单匀畅,长期习练可以起到愉悦身心、健脑益智的功效。此外,起势动作对失眠和抑郁具有较好的缓解作用。

第二式 左右野马分鬃

动作分解

动作1 接上式。上体微向右转，身体重心移至右腿，同时右臂收在胸前平屈，手心向下，左手经体前向右下划弧放在右手下，手心向上，两手心相对成抱球状。左脚随收到右脚内侧，脚尖点地；目视右手。

动作2 上半身微微向左转，左脚随之向左前方迈出，右脚跟后蹬，右腿自然伸直，成左弓步；上体继续向左转，左右手随转体慢慢分别向上、右下分开，左手高与眼平，肘微屈，右手落在右胯旁，肘也微屈，右手心向下，指尖向前；目视左手。

动作3 上半身慢慢后坐，身体重心移至右腿，左脚尖翘起，向外撇50°左右，随后上体微向左转；眼看左手。

动作4 左脚慢慢着地，踏实，同时上半身继续左转，重心再移回左腿，双手划弧，右手向左上划弧，放在左手下，两手相对成抱球状，右脚随即收到左脚内侧，脚尖点地；眼看左手。

动作5 接着,上半身右转,右脚向右前方迈出一步,左腿伸直,蹬地,成右弓步,同时身体继续向右转,左右手分别向左下方、右上方分开,右手约与眼部同高,手心斜向上,右肘微屈,左手则落于左胯旁,肘也微屈,手心向下,指尖向前;目视右手。

动作6 上半身慢慢后坐,身体重心移至左腿,右脚尖翘起,向外撇50°左右,随后上体微向右转;眼看右手。

动作7 右脚慢慢着地,踏实,同时上半身继续右转,重心再移回右腿,右手翻转向下,右臂收于胸前,呈屈平状,左手向右上划弧至右手下方,左脚随即收到右脚内侧,脚尖点地;目视右手。

动作8 左腿向左前方迈出,右腿自然伸直,成左弓步,同时上半身左转,左右手随之分别向左上方、右下方分开,左手高度约与眼同高,手心斜向上方,肘微屈,右手落于右胯旁,手心向下,指尖向前;目视左手。

习练口诀

收脚抱球,左转出步,弓步分手;
后坐撇脚,跟步抱球,右转出步,弓步分手;
后坐撇脚,跟步抱球,左转出步,弓步分手。

习练提示

- 弓步动作,应脚跟先着地,脚掌再慢慢踏实,且脚尖向前,与膝盖几乎垂直。
- 双臂分开时,保持弧形运动。
- 整套动作需连贯匀畅,忌停顿、中断。

错误动作

错误 弓步动作时,后腿弯曲,脚尖内撇或外偏。

正确练法 后腿伸直,前后脚的横向距离应在10~30厘米,夹角为50°左右,且脚尖向前。

健身功效

通过双臂的屈伸、起落,起到扩胸舒腰的效果,且利于改善呼吸系统功能、增强腰部肌力。长期习练,对支气管炎、肺气肿、哮喘、心肌梗死和腰肌劳损等,具有较好的防治作用。

第三式 白鹤亮翅

动作分解

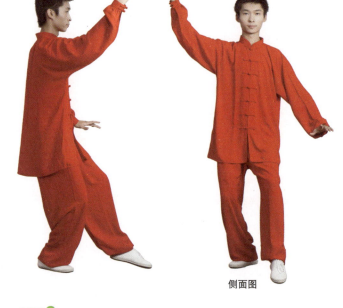

侧面图

动作1 接上式。身体微向左转，左手翻掌向下，左臂平屈于胸前，右手向左上方划弧至左手下，两手掌成抱球状，眼看左手，右脚跟进半步。

动作2 上半身向后坐，重心移至右腿，上半身再向右转，面向右前方，目视右手，同时左脚稍向左前方移动，脚尖点地，成左虚步。

动作3 上身微微左转，目视前方，双手随着身体的转动慢慢向右上、左下方分开，右手紧接着上抬，停于右额头的前方，手心朝向左后方，左手则落于左胯前，手心向下，指尖向前；目平视。

习练口诀

跟半步胸前抱球,后坐举臂,虚步分手。

习练提示

- 前后脚跟进时,距离约为自己的一脚长,忌太近或太远。
- 双臂的划弧及上下分开运动,需保持手臂的圆弧形状态。
- 整套动作需协调一致,尤其是身体的屈、移、提、按。

错误动作

错误　最后的定势动作时,抬头、挺胸。
正确练法　此动作应为胸部略含,目光平视前方。忌挺胸昂首。

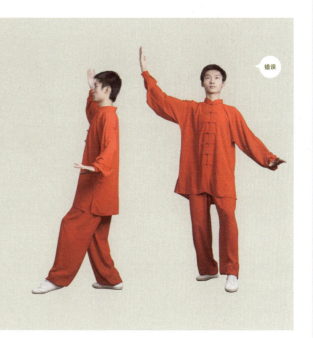

健身功效

身体及四肢的转动、起落,具有舒筋活血、降阴升阳、养精宁神的效果。另外,对身心紧张、压力过重、不适痛症等也有较好的疗效。

第四式　左右搂膝拗步

动作分解

侧面图

动作1 接上式。右手从体前下落，由下向后上方划弧至右肩外，臂微屈，与耳同高，手心向上；左手由左下向右上方划弧至右胸前，手心斜向下方；同时上身先微向左再微向右转，左脚随即收回至右脚内侧，脚尖点地；目视右手。

动作2 上身左转，左脚向前迈出成左弓步，同时右手屈回，由耳侧向前推出，高度约与鼻尖相平，左手向下，由左膝前搂过落于左胯旁；目视右手指。

动作3 右腿缓慢屈膝，上身向后坐，重心移至右腿，左脚尖翘起微向外撇，随后脚掌慢慢踏实，左腿随即前弓，身体左转，重心移至左腿，右脚收于左腿内侧，脚尖点地，同时左手向外翻掌，由左后方向上划弧至左肩外侧，约与耳部同高，手心斜向上，肘微屈；右手随转体向上、向左下划弧，最后落于左胸前，手心斜向下方；目视左手。

动作4 上身右转，右脚向前迈出成弓步状，左手屈回，由耳侧向前推出，高度约与鼻尖相平，右手向下，由右膝前搂过，落于右胯旁，指尖向前；目视左手手指。

动作5 左腿慢慢屈膝，上身向后坐，重心移至左腿，右脚尖翘起微向外撇，随后脚掌慢慢踏实，右腿随即前弓，身体向右转，重心移到右腿，左脚随即收于右脚内侧，脚尖点地。接着右手向外翻掌，由右后方向上划弧至右肩外侧，肘微屈，约与耳部同高，手心斜向上方；左手随身体转动向上、向右下划弧，落于右胸前，手心斜向下方；目视右手。

动作6 上身向左转，左脚向前迈出成左弓步，同时右手屈回，由耳侧向前推出，高度约与鼻尖相平，左手向下，由左膝前搂过，落于左胯旁，指尖向前；目视右手手指。

习练口诀

左转落手，右转收脚举臂，出步屈肘，弓步搂推；后坐撇脚，跟步举臂，出步屈肘，弓步搂推。

习练提示

- 弓步动作时，双脚跟的横向距离保持约30厘米。
- 手掌推出时，需沉肩坠肘，坐腕舒掌。
- 搂手时，左右手各在半边身体，且当一只手从膝前搂过，另一只手向前击出。

错误动作

错误1　推手时，身体摇摆不定，前俯后仰。
正确练法　身体需保持直立。

错误2　弓步动作时，左脚尖内扣或者外撇。
正确练法　左弓步时，左脚在迈出时要稍稍偏左，脚尖朝向侧前方。

错误1

健身功效

身体及四肢的旋转、划弧，具有为脏腑器官"按摩"的作用，长期习练，可调理经络、益肺平喘，且对肩、肘、膝和腰肾等部位疾病有一定的防治作用。

第五式 手挥琵琶

动作分解

动作1 接上式。身体重心移至左腿，右脚随即向前跟进半步，上半身后坐，重心重新移至右腿，上半身向右转，左脚略提起，稍前移，成左虚步，脚跟着地，脚尖翘起，左膝部微屈；同时左手由左下方向上抬起，高度约与鼻尖相平，掌心向右，臂微屈。

动作2 右手内收放于左肘里侧，掌心向左；目视左手示指。

侧面图

习练口诀

跟步展手,后坐挑掌,虚步合臂。

习练提示

- 此式要注意"含胸拔背",即胸部肌肉要放松,胸廓微微向内含,动作正确胸部会有一种轻快之感;拔背,脊背要放松,两肩胛骨向外展并自然下沉。
- 头部既正直向上,又不能僵硬,要体会"提"的感觉,头部仿佛被一根线吊着。
- 右脚跟进时,要脚掌先着地,后全脚踏实。

错误动作

错误2

错误1　身体板直,肩膀耸起。
正确练法　身体要平稳放松,双肩下沉,且肘部有下坠感。

错误2　左手上起时,直接上挑。
正确练法　上起动作要先左后上,整个动作呈弧形。

健身功效

通过双手的起落、合分,可刺激和调理手太阴肺经,并牵拉人体督脉,对于体虚引发的感冒、气管炎,受寒引发的哮喘,均有较好的防治作用。

第六式　左右倒卷肱

动作分解

动作1 接上式。上半身右转，右手随之翻掌（手心向上）经腹前由下向后上方划弧平举，臂微屈；左手随之翻掌向上，眼随体右转先看向右方，后转看左手。

动作2 右臂屈肘回收，右手由耳侧向前推出，手心向前；左臂回收经左肋外侧向后上划弧平举，手心向上；同时左腿提起，后退一步，脚掌先着地，再全脚踏实，然后，身体重心移至左腿，成右虚步；眼随转体左看，再转看右手。

动作3 上半身微微左转，左手随之向右上方划弧，平举，手心向上；同时右手翻掌，掌心向上；眼随着转体先向左看，再转看右手。

动作4 左臂屈肘折向前方，左手由耳侧向前推出，手心向前，右臂随之屈肘向后撤，手心向上，至右肋外侧；同时右腿轻提，后退一步，脚掌先着地，再全脚踏实，身体重心移至右腿，成左虚步，左脚随转体以脚掌为轴扭正；目视左手。

动作5 上身微向右转，右手随之向后上方划弧，平举，手心向上，同时左手翻掌，掌心向上；眼随转体先向右看，再转看左手。

动作6 右臂屈肘折向前方，右手由耳侧向前推出，手心向前；左臂屈肘、后撤，至左肋外侧，手心向上；同时左腿轻提、后退一步，脚掌先着地，后全脚踏实，身体重心移至左腿，成右虚步，右脚随转体以脚掌为轴转正；目视右手。

动作7 上身微向左转，同时左手随转体向后上方划弧、平举，手心向上；右手随即翻掌，掌心向上；眼随转体先向左看，再转看右手。

动作8 左臂屈肘折向前方，左手由耳侧向前推出，手心向前，右臂随之屈肘、后撤，至右肋外侧，手心向上；同时右腿轻提，后退一步，脚掌先着地，再全脚踏实，身体重心移至右腿，成左虚步，左脚随转体以脚掌为轴转正；目视左手。

习练口诀

两手展开,提膝屈肘,撤步错手,后坐推掌。
(以上口诀重复三次)

习练提示

- 退步时,前脚在转体的引导下以脚掌为轴扭正,眼随转体左右看,最后目视体前手。
- 左右脚后退时,要微斜。忌两脚落于同一条直线上。
- 迈步时,支撑腿下沉,身体坐稳;迈步脚先脚后跟着地,再脚掌、脚趾着地,直至全脚踏实。后退则完全相反。
- 前推或后撤时,手臂不可僵硬、笔直,需跟随身体的转动呈弧线运动。

错误动作

错误1 右手内翻掌时,手心向下或面向身体。
正确练法 右手翻掌时,手心应向上,且两膝微屈,左脚跟着地。

错误2 退步时,两脚落在一条直线上。
正确练法 手臂前推时,身体需转腰松胯,且两手动作应协调一致。

健身功效

本式功效与第五式相似。主要通过双臂及上体的弧运和转动,按摩脏腑器官,调理手太阴肺经,从而有效防治肺部疾病。

第七式　左揽雀尾

动作分解

动作1 接上式。上体微向右转，右手随之向后上方划弧、平举，左手放松，手心向下。

动作2 上体继续右转，左手慢慢下落、翻掌，经腹前向右下划弧，掌心向上；右臂屈肘，手心向下，平收于右胸前，两手掌相对成抱球状；同时身体重心落于右腿，左腿收于右脚内侧，脚尖点地；目视右手。

动作3 上体微向左转，左脚向左前方迈出，右腿自然蹬直，左腿屈膝，成左弓步；同时左手向左前方出，约与肩等高，手心向后，右手下落于右胯旁边，手心向下，指尖向前；目视左前臂。

侧面图

动作4 身体微向左转，左手随之前伸，翻掌向下，右手翻掌向上，经腹前向左上前伸至左前臂下，然后两手下捋，身体以腰为轴微向右转，重心移至右腿，两手经腹前向右后方划弧，直至右手掌心向上，高度约与肩平，左臂平屈于胸前，左掌心斜向下方；目视右手。

动作5 上体微向左转，右臂屈肘收回，右手置于左手腕里侧，上体继续左转，双手同时慢慢向前挤出，左掌心向右，右掌心向前，左前臂呈半圆形，身体重心逐渐前移，右脚跟后蹬成左弓步；目视左手腕部。

侧面图

动作6 左手翻掌向下，右手过左手腕上方向右前方伸出，高度约与左手相齐，手心向下，然后两手左右分开，距离约等于肩宽，后腿屈膝，上身慢慢后坐，重心移至右腿，左脚随之翘起，双手紧接着收回，掌心向前下方，两手向左右分开与肩同宽。

动作7 双手屈肘收至腹前后，身体重心慢慢前移，然后两手向前上方按出，掌心向前，手腕约与肩平；同时左腿前弓成左弓步；目平视前方。

习练口诀

右转收脚抱球,左转出步,弓步掤臂;
左转随臂展掌,后坐右转下捋;
左转出步搭腕,弓步前挤;
后坐分手屈肘收掌,弓步按掌。

习练提示

- 手臂前推时,应保持弧形运动,且上身保持直立,动作与松腰、弓腿协调一致。
- 双手下捋时,应随着腰部旋转。忌上体前倾、臀部翘起。
- 双手下按时,身体后坐,整体下沉。

错误动作

错误　双手向前推出时,手臂僵硬、笔直。
正确练法　推手时,以曲线按出,两肘微屈,腕部高度约与肩平。

健身功效

　　通过双手的划弧、抱球,导引人体元气的运行,使其上达头部,下达四肢,因而具有调理气血、养心益肺的功效。另外,此式可刺激手三阴三阳经脉,对关节疼痛有较好的防治作用。

第八式　右揽雀尾

动作分解

动作1 接上式。上体后坐并向右转，重心移至右腿，左脚尖内扣；右手先向右平行划弧至右侧，再经腹前至左腹前，掌心向上；同时左臂平屈于胸前，掌心向下，两手相对成抱球状。

动作2 身体重心再移至左腿，右脚收至左脚内侧，脚尖点地，上体微向右转，右脚向右前方迈出，上体继续右转，左腿自然蹬直，右腿屈膝，成右弓步；同时右臂向右前方推出，高度约与肩平，手心向后；左手向下，落于左胯旁，掌心向下，指尖向前；目视右前臂。

动作3 身体微微右转，右手随之前伸，翻掌向下，同时左手翻掌向上，并经腹前伸至右前臂下方，然后两手下捋，上身向左转两手经腹前向左后上方划弧，至左手虎口向上，约与肩平，右臂平屈于胸前，手心向后，身体重心移至左腿；目视左手。

动作4 上体微向右转，左臂屈肘折回，左手附在右手腕里侧。

动作5 上体继续右转，双手同时慢慢向前挤出，右手心向左，左手心向前，右前臂保持半圆形；同时身体重心逐渐前移，变成右弓步；目视右手腕部。

动作6 右手翻掌，掌心向下，左手经右手腕上方向左前方伸出，高度约与右手相齐，手心向下，然后两手左右分开，距离约等于肩宽。

动作7 左腿屈膝，上体慢慢后坐，重心移至左腿，右脚尖翘起；同时双手屈肘收于腹前，手心都朝前下方；目平视前方。

动作8 双臂屈肘，收于腹前后，身体重心慢慢前移，两手随之向前上方按出，掌心向前，右腿前弓成右弓步；目平视前方。

习练口诀

后坐扣脚,右转分手,回体重收脚抱球;
右转出步,弓步掤臂,右转随臂展掌;
后坐左转下捋,右转出步搭手,弓步前挤;
后坐分手屈肘收掌,弓步推掌。

习练提示

- 用意念协调全身,引导全身进入静、松、整的完整境界,忌用蛮力。

错误动作

错误 双手屈收时,偏高、偏低或离身体太远。
正确练法 双手经腹前划弧时,与身体保持一拳的距离为宜。

健身功效

　　本式功效与第七式相似。主要通过双臂的划弧和抱球,导引元气运行,从而增强脏腑功能、促进气血循环。同时,还可防治心脏病、胃肠病、腰痛及关节痛等病症。

第九式　单鞭

动作分解

动作1 接上式。上体后坐，重心移至左腿，右脚尖内扣，同时身体左转，两手在体前向左划弧，至左臂侧平举，手心向左，右手至腹前运至左边的肋骨前，手心向后；目视左手。

动作2 身体重心移至右腿，上体右转，左脚向右脚靠拢，脚尖点地，右手随转体向右上方划弧，手心由里转向外，至右侧时变钩，臂约与肩平；左手从腹前向右上划弧停于右肩前方，手心向里；目视左手。

动作3 上体微左转，左脚向左前方迈出，先脚跟着地，后全掌踏实，右脚跟后蹬，成左弓步；身体的重心移向左腿的同时，左手掌随着上身的继续左转翻转、向前推出，手心向前，手指约与眼部齐平，手臂微屈；目视左手。

习练口诀

左转扣脚,右转收脚展臂,出步勾手,弓步推举。

习练提示

- 双手弧形运动时,应左手在上,右手在下。
- 左手外向翻掌推出时,应与体同转。忌翻掌太快或太慢。
- 定势动作时,两肩下沉,右肘稍下垂,左肘与左膝上下相对。

错误动作

错误1　做勾掌时,五指捏在一起。
正确练法　五指的第一指节自然捏拢,屈腕。

错误2　变掌为勾时,上体前倾。
正确练法　上体保持直立,腰背放松。

健身功效

　　通过四肢的协调运动,扩展胸肌,从而使手三阳经与足三阳经贯通。长期习练,可增加肺活量,对心肺、腰肾、关节等病症具有较好的防治作用。

第十式　云手

动作分解

动作1 接上式。身体重心移至右腿，身体渐向右转，左脚尖内扣；左手经腹前向右上划弧至右肩前，手心斜向里，同时右手变掌，手心向右前；目视右手。

动作2 上体慢慢左转，身体重心随之左移，左手由脸前向左侧运转，手心渐渐转向左方并向外翻转；右手由右下经腹前向左上划弧至左肩前，手心斜向后方；同时右脚靠近左脚；目视左手。

动作3 上体再向右转，同时左手经腹前向右上划弧至右肩前，手心斜向后方；右手向右侧运转，手心翻转向右，左腿随之向左横跨一步；目视右手。

动作4 上体慢慢向左转，身体重心随之左移，左手由脸前向左侧运转，手心渐渐转向左方并向外翻转，右手由右下方经腹前向左上方划弧，停于左肩前，手心斜向后方；同时右脚靠近左脚；目视左手。

动作5 上体再向右转，左手随之经腹前向右上方划弧，停于右肩前，手心斜向后方，右手向右侧运转，手心翻转向右，左腿随之向左横跨一步；目视右手。

动作6 上体慢慢左转，身体重心随之左移，左手由脸前向左侧运转，手心渐渐转向左方并向外翻转，右手由右下方经腹前向左上方划弧，停于左肩前，手心斜向后方；同时右脚向左脚靠拢，成小开立步；目视左手。

习练口诀

右转落手,左转云手;
并步按掌,右转云手;
出步按掌,重复两次。

习练提示

- 身体自然放松,重心稳定。
- 视线要随着左右手而移动。
- 身体转动时,要以腰为轴,切记松腰松胯。
- 双臂随腰运转时,动作要自然圆活,速度要缓慢均匀。

错误动作

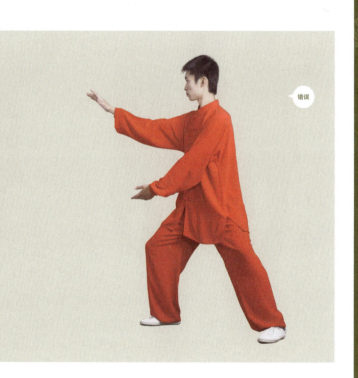

错误

错误　两脚着地时,全脚踏地。
正确练法　两脚着地时,脚掌先着地,再全脚踏实。

健身功效

通过双臂的起落、划弧,可改善脏腑气血运行,增强内脏功能。长期习练,对高血压病、心脏病、胃肠病及关节炎等具有较好疗效。

第十一式　单鞭

动作分解

动作1 接上式。上体右转，右手随之由面部前方向右划弧，至身体右侧时翻掌变勾，左手经腹前向右上划弧至右肩前，掌心向内，重心移至右腿，左脚尖点地；目视左手。

动作2 上体微左转，左脚向左前方迈出，右脚跟后蹬，成左弓步，身体重心移向左腿，上体随之左转，左手慢慢翻转，向前推出，即为"单鞭"式。

习练口诀

斜落步右转举臂,出步勾手,弓步按掌。

习练提示

- 双腿迈步、后退、横跨时,上体端正,保持腿部力量的一虚一实。
- 双臂推出时,不能伸得太直,要有弹力,柔中带刚。

错误动作

错误　左掌随身体转动而前推时,动作太慢或太快。
正确练法　左掌的翻转、推出,是与身体的左转同时进行的。

健身功效

　　通过四肢的协调运动,扩展胸肌,从而使手三阳经与足三阳经贯通。长期习练,可增加肺活量,对心肺、腰肾、关节等病症具有较好的防治作用。

第十二式　高探马

动作分解

动作1 接上式。右脚跟进半步，身体重心移至右腿，左脚掌着地成虚步，同时右勾手变掌，两手掌心翻转向上，两肘微屈；双眼平视前方。

动作2 身体微向左转，面向前方，右手经右耳侧向前推出，掌心向前，约与眼同高，同时左手收至左侧腰前，手心向上，左臂微屈，左脚随即微向前移，脚尖点地，成左虚步；目视右手。

习练口诀

跟步后坐展手,虚步推掌。

习练提示

- 换步移动重心时,身体不要起伏。

错误动作

错误　动作2容易使身体倾斜,双肩耸起。

正确练法　上体要保持自然直立,双肩下沉,右肘微屈。

健身功效

人体五官位于身体之巅,其经络运行主要受少阳经的影响。通过本式,尤其是双掌的推出,可促进少阳经经气自右耳上行,并带动五官经气的运行,利于防治五官疾病。

第十三式　右蹬脚

动作分解

动作1 接上式。左手掌心向上，前伸至右手腕之上，两手手背相对、交叉，随即向两侧分开、向下划弧，手心斜向下方，同时左脚向左前方迈出一步，身体重心前移，右腿自然蹬直，成左弓步；目视前方。

动作2 两手由外圈向里圈划弧，右手在外，左手在内，交叉合抱在胸前，手心均朝向后方，同时右脚向左脚靠拢，脚尖点地；接着，双臂左右划弧，分开平举，双手肘部均微屈，手心都向外，同时右腿屈膝、提起，右脚随之向右前方慢慢蹬出；目视右手。

习练口诀

收脚收手,左转出步;
弓步划弧,合抱提膝;
分手蹬脚。

习练提示

- 初练者在做蹬脚动作时,不要求蹬的高度,重点在于从头到脚应成一条直线,即身直。
- 起势时,如果面向的是南方,那么蹬脚的方向应该在正东偏南,即30°左右。

错误动作

错误1　左脚向左前方进步时,脚尖外撇。
正确练法　脚尖不要外撇,脚尖与膝尖保持在一个方向上。

错误2　双臂左右划弧平举时,手腕过低或过高。
正确练法　手腕约与肩部等高。

健身功效

　　重点通过腿部的运动,调整中枢神经的平衡功能,增强腿部肌肉力量。长期习练,对腰、腿、膝、足部疾病及神经衰弱等病症具有较好的防治作用。

第十四式　双峰贯耳

动作分解

动作1 接上式。右腿收回,屈膝平举,左手由后向上、向前下落至身体前面,两手手心均翻转向上,且同时向下划弧分落于右膝盖两侧,手心均向上;目视前方。

动作2 右脚向右前方落下,重心前移,成右弓步,面向右前方,两手随即下垂,慢慢变拳,分别从两侧向上、向前划弧至脸前成钳状,两拳相对,高度约与耳部齐平,拳眼都斜向内下方;目视右拳。

习练口诀

收脚落手,出步收手,弓步贯拳。

习练提示

- 定势时,要头正颈直,松腰松胯,两拳相握,沉肩坠肘。

错误动作

错误1 右腿屈膝举起时,偏高或偏低。
正确练法 膝盖应平举,大腿与地面近乎平行,小腿和脚自然下垂。

错误2 两拳相对时,拳眼向下,且距离过大或过小。
正确练法 拳眼应斜向内下方,两拳距离为10~20厘米。

健身功效

通过四肢运动,导引浊气下行,因而长期习练,具有醒脑提神、防治五官疾病的功效。

第十五式 转身左踏脚

动作分解

背面图

动作1 接上式。左腿屈膝后坐，身体重心移至左腿，上体左转，右脚尖内扣，同时两拳变掌，由上向左右划弧、分开平举，手心向前；目视左手。

动作2 身体重心再移至右腿，左脚收到右脚内侧，脚尖点地，同时两手由外圈向里圈划弧并合抱于胸前，左手在外，右手在内，手心均向后。

背面图

动作3 接着两臂左右划弧,分开平举,肘部微屈,手心均向外,同时左腿屈膝提起,左脚随即向左前方慢慢蹬出;目视左手。

习练口诀

后坐扣脚,左转展开,回体重合抱提膝,分手蹬脚。

习练提示

- 蹬脚时,右脚微微屈回,左脚尖向内轻勾,力道在脚跟,且蹬脚的动作应与分手的动作协调一致。

错误动作

错误　做定势中的蹬脚动作时,左臂偏向外或偏向内。
正确练法　左臂与左脚要上下相对,即平行状态。

健身功效

　　本式功效与第十三式相似。主要通过腿部的运动,增强腿部力量,改善中枢神经的平衡功能,同时可防治腰痛、背痛、髋痛、关节痛及神经衰弱等。

第十六式　左下势独立

动作分解

背面图　　　　　　　　背面图

动作1 接上式。左腿收回平屈，上体右转，右掌变勾手，左掌向上、向右划弧后落至右肩前，左掌心斜向后方；目视右手。

动作2 右腿慢慢屈膝下蹲，左腿由内向左侧伸出，成左仆步，左手随之下落，向左下方顺左腿内侧向前穿出；目视左手。

动作3 身体重心前移，以左脚跟为轴，脚尖微微外撇，左腿前弓，右腿后绷，右脚尖内扣，上身微向左转并向前起身，同时左臂继续向前伸出，立掌，掌心向右，右勾手下落，勾尖向后；目视左手。

动作4 右腿慢慢提起、平屈，脚尖自然下垂，成左独立式，同时右勾手下落变掌，由后下方向顺右腿外侧、以弧形向前摆出，屈肘立于右腿上方，肘膝相对，掌心向左；左手落于左胯旁，掌心向下；目视右手。

习练口诀

收脚勾手,蹲身仆步;
穿掌下势,撇脚弓腿;
扣脚转身,提膝挑掌。

习练提示

- 做仆步的动作时,忌上体前倾。以左仆步为例,右腿全蹲,左腿伸直,两脚掌全部踏实,左脚尖略内扣,与右脚跟踏于中轴线。
- 左手下落穿掌时,应该掌心朝外。
- 做独立步时,上身要正直,右腿平提,脚尖自然下垂。

错误动作

错误 做独立动作时,膝抬得过高,且支撑腿僵直。
正确练法 膝平举,支撑腿微微弯曲。

健身功效

通过四肢的伸展运动,可促进血液回流,增强身体平衡性,增强腿部及腹部力量。长期习练,对关节炎、胃下垂、便秘、神经衰弱等均有较好的防治作用。

第十七式 右下势独立

动作分解

动作1 接上式。右脚落于左脚前，脚掌着地，然后以左脚脚掌为轴，脚跟向左转动，身体随之左转，同时左手向后平举变成勾手，右掌随身体转动向左侧划弧，停于左肩前，掌心斜向后方；目视左手。

动作2 左腿慢慢屈膝下蹲，右腿由内向右侧伸出，成右仆步，右手随之下落，向右下方顺右腿内侧向前穿出；目视右手。

动作3 身体重心前移，以右脚跟为轴，脚尖微微外撇，右腿前弓，左腿后绷，左脚尖内扣，上身微向右转并向前起身，同时右臂继续向前伸出，立掌，掌心向左，左勾手下落，勾尖向后；目视右手。

动作4 左腿慢慢提起、平屈，脚尖自然下垂，成右独立式，同时左勾手下落变掌，由后下方向顺左腿外侧、以弧形向前摆出，屈肘立于左腿上方，肘膝相对，掌心向右；右手落于右胯旁，掌心向下；目视右手。

习练口诀

落脚左转勾手,蹲身仆步,穿掌下势;撇脚弓腿,扣脚转身,提膝挑掌。

习练提示

- 做右仆步动作时,右脚需轻触地,再微微提起,最后向下仆腿。
- 下势时,忌上体前倾。

错误动作

错误　右臂前伸立掌,同时左勾手下落时,掌心向前,勾尖向下。

正确练法　掌心应面向身体左侧,勾尖向后。

健身功效

本式功效与第十六式相似。主要通过四肢的运动,增强腿部及腹部力量,同时利于机体血液回流,对关节炎、胃下垂、便秘、神经衰弱及肝病等有较好的防治作用。

第十八式 左右穿梭

动作分解

动作1 接上式。身体微向左转，左脚向前落地，脚尖外撇，右脚跟离地，两腿屈膝，同时两手在左胸前成抱球状（左上、右下），右脚收到左脚内侧，脚尖点地；目视左前臂。

动作2 身体右转，右脚随之向右前方迈出，屈膝弓腿，成右弓步，同时右手由脸前上举并翻掌停在右额前，手心斜向上方，左手先向左下再经体前推出，约与鼻尖等高，手心向前；目视左手。

动作3 身体重心稍后移,右脚尖略向内扣,身体重心随即移至右腿,左脚跟进停于右脚内侧,脚尖点地,两手在右胸前成抱球状(右上、左下);目视右前臂。

动作4 身体左转,左脚随之向左前方迈出,屈膝弓腿,成左弓步,同时左手由脸前上举并翻掌停在左额前,手心斜向上方,右手先向左下再经体前推出,约与鼻尖等高,手心向前;目视右手。

习练口诀

落步落手,跟步抱球,右转出步,弓步推架。

习练提示

- 双手成抱球状时,忌左右手的位置。如动作1中,左手在上,右手在下;动作3中,恰恰相反。
- 一手上举,另一手前推时,要注意配合弓腿松腰的动作。
- 弓步时,两腿的横向距离约为30厘米。

错误动作

错误1　手上举时,易耸肩。
正确练法　手上举时,肩膀放松、打开,自然平放。

错误2　手推出时,上体前俯。
正确练法　上体不能太靠前,要自然正直。

健身功效

通过双臂在胸前的升降,疏通三阳经,将上焦肺气导引至左右手末端的手阳明大肠经而出,可治疗大便秘结之症。

第十九式 海底针

动作分解

动作1 接上式。右脚向前跟进半步,身体重心移至右腿,左脚稍向前移,脚尖点地,成左虚步,身体随即稍向右转,右手跟着下落,经体前向后、向上提至肩上耳旁。

动作2 身体继续左转,右手由右耳旁斜向前下方插出,掌心向左,指尖斜向下,同时左手向前、向下划弧落于左胯旁,手心向下,指尖向前;目视前下方。

习练口诀

跟步落手,后坐提手,虚步插掌。

习练提示

- 忌上体前倾、低头、翘臀。
- 定势时,身体应先向右转,再向左转,面向正西方,且左腿微屈。

错误动作

错误　容易低头,目视双脚,身体向前倾。
正确练法　身体自然放松,头正颈直、上体端正。

健身功效

　　本式功效与第十八式相似。主要通过四肢的屈伸运动,导引元气运行,通经活血,对便秘等症具有较好的治疗效果。

第二十式　闪通臂

动作分解

动作　接上式。上身稍向右转，左脚向前迈出、屈膝成左弓步，同时右手由体前上提，接着屈肘上举，掌心向上翻转，停于右额的前方，左手向外翻转，同时上提经胸前向前推出，约与鼻尖等高，手心向前；目视左手。

习练口诀

收脚举臂,出步翻掌,弓步推架。

习练提示

- 上身要自然正直,松腰松胯。
- 推掌、举掌、弓腿动作协调一致地完成。

错误动作

错误1　左臂前推时,动作僵硬,呈笔直状。
正确练法　左臂应略呈弧形,忌完全伸直,同时背部肌肉需放松、打开。

错误2　弓步时,双脚的横向距离过宽或过窄。
正确练法　双脚距离为10厘米左右。

错误2

健身功效

习练本式要求稍加力度,配合弓步和推掌等,利于机体气血的通畅,提高肌耐力。另外,对便秘也有较好疗效。

第二十一式 转身搬拦捶

动作分解

动作1 接上式。上体后坐，重心移至右腿，左脚尖内扣，身体向右后转，重心随之移至左腿，右脚向前迈步，脚尖点地，同时右手随转体自右向下经腹前划弧至左肋旁，变拳，拳心向下，左手弧形上举至左额前，掌心斜向上；目平视前方。

动作2 身体右转，右拳经胸前向前翻转、撇出，左手落于左胯旁，手心向上，指尖向前，同时右脚收回后再向前迈出，脚尖外撇；目视右拳。

动作3 身体重心移至右腿，左脚向前迈出一步，脚尖外撇，左手随之上提，经左侧向前平行划弧拦出，掌心向右，虎口向上，同时右拳划弧收到右胯旁，拳眼向上；目视左手。

侧面图

动作4 左腿前弓成弓步状，同时右拳向前方打出，拳眼向上，高度约与胸平，左手附于右前臂里侧；目视右拳。

习练口诀

后坐扣脚右转摆掌,收脚握拳,垫步搬捶;跟步旋臂,出步裹拳拦掌,弓步打拳。

习练提示

- 上体转动时,应以腰为轴,松肩、沉肘、打卡腕部,即手脚动作应协调一致。
- 右拳回收时,前臂先内旋划弧,再拳心向上,外旋停于右腰旁。
- 弓步时,两脚后跟的横向距离不能超过10厘米。

错误动作

错误1　右手向右、向下经腹前划弧至左肋旁,变拳,拳心朝上。
正确练法　右手至肋旁变拳时,拳心向下。

错误2　右脚收回又迈出时,易停顿或脚尖点地,然后再迈出。
正确练法　右脚不停顿或脚尖点地,直接向前迈出。

健身功效

通过双手的握拳、双臂的划弧动作,可调节人体经脉,尤其是对妇女的任脉、冲脉和带脉。长期习练,可防治妇科病。另外,本式还具有补气益心、健肾补肝的作用。

第二十二式 如封似闭

动作分解

动作1 接上式。左手由右腕下向前伸出，右拳随之变掌，两手手心渐翻转向上，接着慢慢分开、回收，同时身体向后坐，身体重心移到右腿，左脚尖翘起；目视前方。

动作2 两手在胸前翻掌、向下，经腹前再向上、向前推出，腕部约与肩平，手心向前，同时左腿前弓成弓步；目视前方。

习练口诀

穿臂翻掌,后坐收掌,弓步推掌。

习练提示

- 双臂随身体回收时,松肩沉肘,不能直着收回。
- 两手推出的宽度不能超过两肩。

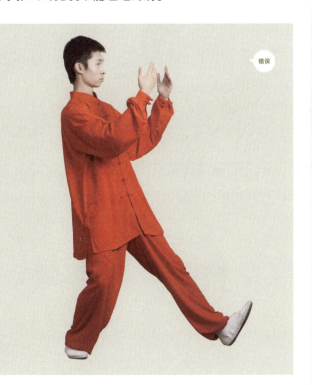

错误

错误动作

错误　身体后坐时,易后仰,臀部翘起。
正确练法　身体端直,可稍稍倾斜,但臀部不能凸出。

健身功效

　　两手臂交叉成斜十字,就像贴封条的样子,称为"如封",继而两掌微微向里引进,然后再向前按出,又好像用手关门一样,称为"似闭"。通过两掌的运转,穿臂翻掌,收掌推掌等动作,可调节人体手三阴经,长期习练,可防治咳、喘、咽喉痛等肺系疾患。

第二十三式　十字手

动作分解

动作1 接上式。右腿屈膝后坐，身体重心移至右腿，左脚尖随之向里扣，身体接着右转，右手随着身体转动向右平摆划弧，并与左手形成侧平举，肘部微屈，掌心向前，同时右脚尖随着身体的转动微外撇，成右侧弓步；目视右手。

动作2 身体重心移至左腿，右脚尖内扣，随即右脚向左收回，两脚距离约与肩同宽，平行站立并逐渐蹬直，成开立步，同时两手向下经腹前向上划弧，交叉于胸前，右手在外，左手在内，掌心向后，两臂撑圆，成十字；目视前方。

习练口诀

后坐扣脚,右转撇脚分手,
移重心扣脚划弧,收脚合抱。

习练提示

- 起身后,上体自然直立,头部微向上顶,下颌稍内收。
- 双臂合抱时,最好呈半圆形,沉肩、坠肘。

错误动作

错误1　双手分开或合抱时,身体容易前倾。
正确练法　身体应保持自然端正,膝稍弯曲。

错误2　定势动作中,十字手的交叉高度过低或过高。
正确练法　十字手的高度约与胸等高。

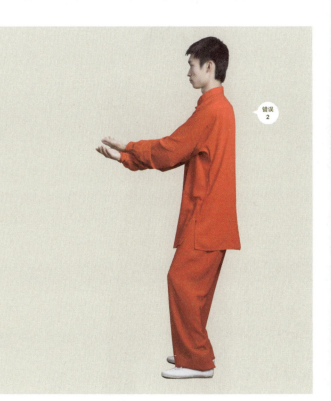

错误2

健身功效

　　两手分开及环抱的动作,可导引人体气血运行,对肝血亏损、胸闷体疲、内分泌失调、月经不调等具有一定的防治作用。

第二十四式　收势

动作分解

动作 接上式。双手向外翻掌，掌心向下，两臂随之慢慢下落，停于身体两侧；目视前方。

习练口诀

旋臂分手,下落收势。

习练提示

- 双手分开下落时,应提顶正身,含胸拔背,目视前方。
- 定势后,需等呼吸平稳、精神愉悦才可慢步而行,直至自由活动。

错误动作

错误　最后一个体式完成后,身体常常会很随意,且精神涣散。
正确练法　习练后,应目视前方,一呼一吸,待心静气和后再自由行走。

健身功效

神意内含,沉气松体,使身体处于无极状态,使内脏恢复自然状态。

第五篇

吐纳养生　呼吸引导

六字诀

第十章 呼吸养生六字诀

六字诀的起源和发展

六字诀，又称六字气诀，是我国古代流传下来的一种以呼吸吐纳为主要手段的传统养生健身功法。六字诀历史悠久，流传广泛，历代文献对其都有记载或论述。而关于六字诀的起源，说法较多，无一定数。依据历史资料来看，现存最早的六字诀文献见于南北朝时期梁代的一位著名中医学家——陶弘景所著的《养性延命录》中。由于陶弘景对养生很感兴趣，便对南朝以前很多关于养生的论述进行了搜集和整理，因而编成了《养性延命录》。在此书中的"服气疗病篇"这一部分中，对于六字诀有这样的记载："纳气一者，谓吸也；吐气六者，谓吹、呼、唏、呵、嘘、呬，皆出气也……吹以去热，呼以去风，唏以去烦，呵以下气，嘘以散寒，呬以解极。"后世的六字诀也是根据这些记载，或其他关于六字诀的论述修改、调整、编创而成。

唐代著名医学家孙思邈在《备急千金要方》中对陶氏六字诀进行了发挥，"大呼结合细呼"；到了宋代，邹朴庵在其著作《太上玉轴六字气诀》中对六字诀的理论和方法的论述是最为详细的，并且对呼吸和读音方法也做了具体要求，另外，还增加了搅海、咽津等一些预备功。可以说，六字诀发展到宋朝时已相当普及。

从现有文献来看，明代以前的六字诀几乎不配合肢体动作，只是单纯的吐纳功法，而从明代以后六字诀不仅有了习练动作，还将吐纳与导引结合起来。并且在胡文焕的《类修要诀》、冷谦的《修龄要旨》和高濂的《遵生八笺》等著述中都有关于六字诀延年益寿习练总诀的记载，也是最早的六字诀配导引动作的文字资料。但这也只是对六字诀的应用，而不是独立的六字诀导引法。直到现在，六字诀也没有形成一种规范性的功法。不过，根据相关文献资料和现存各种六字诀的功法论述记载，其已经形成较完整的体系：功法理论保持了唐宋以来按中医五行五脏学说来阐述的主体框架；发音及口型也渐渐趋于一致；肢体导引和意念导引遵循中医经络学规律。

本套健身功法也正是在古人不断地修改、开创的基础上重新整理、编排而成，既有根据，又有创新，使其更加科学化、时代化，更符合现代人的习练习惯。

关于六字诀的脏腑归属

在谈到脏腑归属之前，先简单了解一下"六字"的发音、口型及习练顺序。关于"六字"的发音，由于在明清以前，没有统一的注音方法，读音主要是靠"己知之字音"互砌而成，因而造成了同字不同音、同音不同字的现象。很长一段时期内，对"呵""呬"都出现过误读、错读等情况。直至当代，查阅了清代江慎修所著《河洛精蕴》第七卷关于"图说为声音之源说"的记载、又深入分析了"六字"与五行之间的关系才确定了现在人们所读的发音。

尽管读音确定了，但由于不同地方的人发音口型不一样，也会造成误读、错读的现象。而错误的发音不仅影响到功效，甚至还会对人体的脏腑和经络产生反面影响。所以，根据古代文献"养气功六字诀"和"六字真言"中曾提出和强调的要固定发音口型的记载，及五行五音的系统原则等确定了今天的"六字"发音口型。

而关于六字的顺序，历史上有代表性的论述者主要有三位——南北朝时期的陶弘景、宋代的邹朴庵和明清时期的冷谦。陶弘景以治病为目的，习练顺序依五脏五行相克的顺序排列；邹朴庵的习练顺序在此基础上发生了相应变化，从相克演变为相生；到冷谦时，按四季循环、五行相生的顺序习练。以后，六字诀的应用逐渐趋向于养生，习练法也以相生为主，最后定型为五行相生顺序。这也是本书所采用的习练顺序。

最后，关于六字与脏腑的归属关系，其实早在《养性延命录·服气疗病篇》中就有详细的记载："凡病之来，不离于五脏，事须识根，不识者勿为之耳。心脏病者，体有冷热，吹呼二气出之；肺脏病者，胸膈胀满，嘘气出之；脾脏病者，体上游风习习，身痒痛闷，唏气出之；肝脏病者，眼疼，愁忧不乐，呵气出之；肾脏病者，体冷阴衰，面目恶秽，呬气出之。"而在唐代时，孙思邈在其所著《备急千金要方》中关于六字和五行的关系记载也与上相同。

六字诀的功法特点

1. 读音口型，完整规范

六字诀——"嘘、呵、呼、呬、吹、嘻"通过规范性的读音口型形成分别与人体肝、心、脾、肺、肾、三焦相对应的六种特定的吐气发声方法，进而达到调整脏腑气机平衡的作用；并配合呼吸吐纳来调理与控制人体内气息的升、降、出、入，可以说，在众多气功功法中独具特色。而在最基础的六字的读音和口型方面，本书作了更为严谨的规范和探索，使其更具有完整性、系统性、独立性，既可习练某个动作，又可按整套顺序习练。

2. 吐纳导引，调身松体

六字诀在注重呼吸吐纳、吐气发声的同时，配合了科学合理的动作导引。而六字诀的动作轻柔舒缓，能够使习练者进入一种心平气静的状态，从而达到内调脏腑、外练筋骨的养生康复作用。正如东晋著名养生家葛洪所说："明吐纳之道者，则为行气，足以延寿矣；知屈伸之法者，则为导引，可以难老矣。"

3. 动静结合，练养相兼

六字诀的动作舒展柔和，圆转如意，如行云流水，婉转连绵，具有一种安宁与柔和之美。同时，六字诀要求习练者吐气发声匀细柔长，动作导引舒缓圆活，加上开始和结束时的静立养气，动中有静、静中有动，动静结合，从而具有既练气又养气的功效。

4. 动作简单，安全易学

六字诀在发声吐气基础上，又将"嘘、呵、呼、呬、吹、嘻"每个字都配以简单易学的导引动作，加上打开气机的起势和引气归元的收势，连预备势在内共9个动作，整套功法中既没有复杂的指导思想，也没有高难度、大幅度、超负荷的动作，易记易练。但是，在六字诀的习练中，要注意把握"以形导气""意随气行"的基本原则，这样才会真正达到六字诀延年益寿的功效。

六字诀的神奇功效

1. 调节生理功能

研究表明，习练六字诀达半年以上者，不仅心血管功能指标具有明显的改善，而且呼吸功能和身体的平衡能力也有很大提高。这无疑证明了六字诀养生功效之一——利于改善人体的呼吸、平衡及循环等各方面的生理功能。

2. 减肥美颜又塑身

这个功能恐怕是许多人都不曾想，也不敢想到的。事实证明，六字诀所带来的效果比那些美容药、减肥药更有效、更安全、更适宜每个人。研究证明，中老年人在习练六字诀半年后，体脂率等有明显下

降；而年轻女性朋友的效果也非常明显，脸色也会变得红润。

3. 提高运动能力，健脑又抗衰

长期习练六字诀的人，不仅快走、握力等有明显改善，而且协调性和柔软性也变得比以前更好，这方面女性的改善优于男性。另外，习练六字诀有助于改善中老年人的心肺功能和大脑功能，达到健脑的作用，同时，对老年人的心里状况也有积极的影响。尤其是对中老年女性，习练六字诀不仅可以协调身体的各项机能，还具有延缓衰老的显著效果。

六字诀的习练指南

1. 校准口型很重要

呼吸吐纳发声法是六字诀不同于其他健身气功的独特之处，所以，口型及发音的准确性非常重要，如果在习练时发音准确，对人体的五脏六腑及经络、气血等都具有很好的调节作用。反之，如果发音不正确，很可能不益于身体。因此，在习练时一定要校准口型，正确发音，既要体会字音是否正确，还要体会气流在口腔内的流动感。

2. 六字发声皆为平

习练六字诀时，人体内的气宜沉不宜升，要上清下沉。因此，不仅要求发音正确，而且音调也要正确。如果音调偏高，很容易使人体的内气上升，如果音调偏低，又容易使体内之气下降。所以，六字诀中的"六字"发音统一为平声。

3. 吐气无声高境界

六字吐气的关键不是声音，而是气息。发声是气息由慢变急、由清变浊的一个表现过程。习练时，要掌握好"先出声，后无声"的原则。因为，在初学时，吐气出声的方法利于口型及声音的校准，等熟练之后，再逐渐过渡为吐气轻声。最后进入吐气无声的境界。

不过，吐气是否出声与配合的导引动作也有一定关系。如果动作充满力道且停顿明显，则以出声为好；如果动作舒缓自然，则以不出声为好。同时，不同的习练对象，对六字诀的发声要求会或多或少有些不同。但"吐气无声"是每个熟练者必须要掌握和练到的，并最终使气息达到匀、细、柔、长的状态。

4. 逆腹式呼吸法

六字诀的吐气发声，多采用自然呼吸法，但是在每次呼气吐音时，采用的是逆腹式呼吸法。

逆腹式呼吸法的关键点在呼气吐音的同时，注意力不是跟着呼气出去而是体会气流从口部、喉部、胸部、腹部等部位逐渐放松和充实的感觉，这种练法就是古人所讲的"意随气行""神与气合"和"气沉丹田"的练习方法。

将吐气发声和逆腹式呼吸配合好是习练六字诀的一个很重要的关键点。如果掌握不到位，不仅练功效果会大打折扣，而且身体还会出现口干、疲惫的现象。

5. 身体放松自然

六字诀以养生健身为目的，在呼吸吐纳中配合舒缓婉转的导引动作，将有助于练功效果的提升和强化。因为只有形体的放松、心神的安静，才会带动动作的自然，最终达到调整身体气机的作用。如果身体紧张、肢体僵硬，那必然是心神没有进入平和安静的状态，也就达不到调整身体气机的作用了，反而还会破坏内部平衡。

6. 习练六字诀要走"三步"

（1）初练者——模仿为主　初练者最主要的任务不是掌握呼吸吐纳法，而是模仿动作。先针对每一字诀进行大体练习，形成一个总体印象。但是在习练时，不要反复练习一个动作，一般一个动作重复3~4遍即可，且动作也不必非要做到舒缓流畅，这只是熟悉阶段。

（2）熟练者——细节和要领为主　当对六字诀的所有动作基本了解和熟悉后，习练的重点就变成了细节的精化和要领的掌握。先把每一诀、每一式的动作及要领记于心，然后在习练的过程中慢慢体会其中的思想和意境，及时纠正错误动作，使身体逐渐走向松柔圆润的练功状态。另外，此阶段也要注意呼吸的调整，微微用意，使呼吸慢慢达到细、深、匀、长的境界。

（3）形神合一——内外结合　这一阶段，是意念与动作配合的融合阶段。从开始的强化配合动作与呼吸吐纳，到无意识的自然过渡。因为"形神合一"的功法境界是呼吸与动作的协调统一阶段，是真正进入以呼吸吐纳为主导、内外结合的养生健身的境界。

7. 习练宜忌

① 场所要选择环境幽静、空气清新之地。

② 保持自然放松、心情舒畅、专心致志的状态。

③ 练功服要以宽松、舒服为主，忌紧身衣、高跟鞋之类。

④ 习练结束后，不要立即停止活动，要做一些简单的收功动作，如搓手、浴面、拍打等。

⑤ 习练要循序渐进，尤其是年老体弱或患病者，要根据自身情况进行调理。

⑥ 练功时间的长短、次数的多少、运动量及运动幅度的大小，切记因人而异，量力而行。

如何提高六字诀的习练效果

1. 干洗脸

双手互相揉搓至掌心发烫，然后双手贴于面部，由额前顺着脸颊往下擦拭，待擦到下颌时，双手再由下颌擦拭至前额，如此反复大约20次，利于习练效果的提升，增强身体免疫力。

2. 拍打全身

习练结束后，不要立即起身去活动，一定要做好收功和功后导引，以免感冒着凉。此时，可用双手或空拳，顺着肩部、背部、腰部、腿部至脚踝处，力量由轻增大，轻轻敲打。

拍打时，须遵循一定的原则：先左后右，从上至下，由远及近。以身体为例，应先拍打背部正中线，再拍打夹脊两旁的侧线，然后拍打上肢，最后拍打下肢。另外，肌肉较厚实丰满处力量宜大；肌肉较薄和关节处力量宜轻。

3. 揉大椎穴

大椎穴位于后正中线上，第7颈椎棘突下凹陷中。取穴时，低头，脖子后边会凸出一块高高的骨头，这块骨头下面有一个小坑，即为大椎穴。大椎穴为手三阳经、足三阳经、督脉的交会之穴，有疏通手足阴阳之气的作用。用中指指腹按在大椎穴上，稍用力揉动20~30次，感觉透热即可。

另外，如果习练六字诀后感觉出汗、疲乏，可按揉大椎穴，预防感冒。

4. 散步

散步是一种非常好的锻炼方式。每分钟约走70步，利于身心放松、稳定情绪、消除疲劳。习练六字诀后，通过闲散和缓慢的行走，不仅可以协调四肢、调节关节筋骨，还可舒畅心情，使气血流通、经络通达。

基本口型和手型

1. 发音口型图

嘘字诀

呵字诀

呼字诀

呬字诀

吹字诀

嘻字诀

2. 手型

（1）捧掌　双臂肌肉和关节自然放松，双掌随之放松，十指关节自然弯曲，小指一侧轻贴。

（2）靠掌　双掌放松，自然弯曲，指背相靠，手腕略成弧形。

（3）环抱掌　屈肘外撑，提臂撑圆，双掌环抱于腹前，掌心向内，指尖相对，约与肚脐同高。

（4）立掌　双肘下落、夹肋，双掌顺势立于肩前，掌心相对，指尖向上，同时展肩扩胸。

（5）背掌　双掌放松，自然弯曲，指背相靠。

（6）托掌　双臂屈肘，上托至胸前，约与两乳同高，指尖相对。

第十一章 轻松习练六字诀

预备势

动作分解

动作 双脚平行站立，脚间距离约与肩同宽，双膝微屈，双臂自然垂于体侧，同时，保持头正颈直，下颌微收，竖脊含胸，合拢唇齿，放平舌尖，轻贴上腭；目视前方。

习练提示

- 身体放松，思想安静，鼻吸鼻呼。
- 双膝微屈，不是指双膝弯曲、身体下蹲，而是双腿从侧面看，仍是一种直立状态，但实际上大腿部肌肉相对放松，双膝呈似屈非屈、似直非直的状态。

错误动作

错误1 双膝过屈或过直，从而导致髋关节、膝关节紧张。
正确练法 关节放松，关节似屈非屈。

错误2 挺胸抬头，目视前方。
正确练法 竖直脊柱，双肩微内收，下颌内收，目视前方。

错误3 嘴巴张开，用口、鼻同时呼吸。
正确练法 嘴自然闭合，舌尖放平，轻贴上腭，鼻吸鼻呼。

健身功效

预备势主要作用在于将习练者引入一种身体放松、养气安神、集中注意力和消除疲劳焦虑的状态。

起势

动作分解

动作1 接上式，双臂屈肘，双掌十指相对，掌心向上；目视前方。

动作2 双掌缓缓上托至胸前，约与两乳同高；目视前方。

动作3 双掌内翻，掌心向下，缓缓下按至肚脐前；目视前下方。

侧面图

动作4 双腿微屈、下蹲，身体后坐，同时双掌内旋外翻，并向前缓缓拔出，直至双臂成圆。

动作5 双掌外旋内翻，掌心面向身体，起身，双掌缓缓收拢至肚脐前，虎口交叉相握轻轻覆盖于肚脐上，自然呼吸，静养片刻；目视前下方。

习练提示

- 双掌上托时吸气,双掌下按、向前拔出时呼气;收拢时吸气。
- 鼻吸鼻呼。
- 双手交叠于腹前时,男性右手在外,女性左手在外。

错误动作

错误1　双掌上托于胸前时,挺胸、双肘向后伸,或者双肘松沉。
正确练法　上托时,双肘外撇、向前,且与手掌水平,张肩含胸。

错误2　双掌内翻,掌心向下,下按时,动作生硬,手掌绷紧伸直,且下按过程中双掌重叠或分开。
正确练法　手掌放松,手指自然并拢弯曲,下按过程中,双掌保持水平且十指相对。

错误3　双掌向前拔出时,挺胸突腹。
正确练法　双掌向前拔出时,身体后坐,掌向前撑。

错误4　双掌虎口交叉相握、轻覆肚脐前,双肘后夹,紧抱肚。
正确练法　双肘略外展,两腋虚空。

健身功效

　　双掌的上托、下按、外翻拔出、内翻收拢及下肢有规律性的屈伸,可以协调人体内气的升、降、开、合,促进全身气血的畅通,对于改善和增强腰膝关节的功能具有很好的效果,尤其适宜老年人。同时,由于起势动作舒缓,利于心情的平静安定,可使习练者身心愉悦。另外,此动作还具有开发左右脑、增强记忆力、缓解失眠和忧郁等的作用。

第一式 嘘字诀

发音练习

嘘（xū），属牙音。

1. 口型

嘘字发音时吐气，双唇和牙齿稍微张开，舌头放平，上、下槽牙之间微微留出一条缝隙，槽牙和舌头两边也留出空隙。气息经过舌头两边及槽牙的空隙慢慢呼出体外。

2. 习练动作辅助

双手叠放于小腹，内外劳宫穴相对，劳宫穴对下丹田。双眼用力睁大开始呼气读"嘘"字，呼气尽，再自然吸气，共"嘘"6次为一遍。

3. 习练意念配合

以意领气，肝经之脉气始于足大趾之大敦穴，沿足背上行，会于肝，络于胆，过横膈，注于肺，布胸胁，上连脑，与督脉会于颠顶。

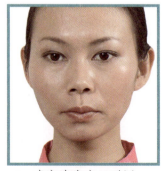

嘘字诀发音口型图

动作分解

动作1 接上式。双手松开，掌心向上，双臂向后回收到腰间，小指轻贴腰际；目视前下方。

动作2 双脚站稳，身体左转90°，同时右掌由腰间缓缓向左上方穿出，至高度约与肩平，并口吐"嘘"字音；双目渐渐圆睁；目视右掌伸出方向。

动作3 右掌由原路收回腰间，同时身体转回正前方；目视前下方。

侧面图

动作4 身体右转90°，同时左掌由腰间缓缓向右上方穿出，高度约与肩平，并口吐"嘘"字音；双目渐渐圆睁；目视左掌伸出方向。

动作5 左掌沿原路收回腰间，同时身体转回正前方；目视前下方。

习练注意：重复动作2～动作5，3遍。本式共吐"嘘"字音6次。

习练口诀

肝本青龙旺在春，病来还觉好酸辛。
眼中赤色兼多泪，嘘之立去病如神。

习练提示

- 穿掌时口吐"嘘"字音，收掌时鼻吸气，动作与呼吸应该协调一致。
- 习练六字诀期间，尽量减少与他人的不愉快纷争，一种平和安静和乐观开朗的心态可利于此式动作功效的发挥。

错误动作

错误1　身体左、右转动时，重心前倾或后坐。
正确练法　双脚不动，身体中线保持垂直做水平旋转。

错误2　由于转体动作不到位，导致穿掌向斜前方而出。
正确练法　转体要达到90°，穿掌时手指应指向左（右）侧。

健身功效

中医认为，"嘘字诀"与肝相应，而肝主导疏泄和藏血。因此，口吐"嘘"字可以呼出肝之浊气、调节血量，进而起到疏肝明目、调理肝脏的作用；而双掌的左右交替穿出练习，可以使肝气升发，调和气血；身体的转体运动还能使人体的带脉得到疏通和调节，尤其对老年人的腰膝关节及消化功能具有很好的改善作用。

养生课堂

劳宫穴：在手掌心，第2、3掌骨之间偏于第3掌骨，握拳，屈指时中指尖下。

大敦穴：在足大趾末节外侧，距趾甲角0.1寸（指寸）。

第二式　呵字诀

发音练习

呵（hē），属舌音。

1. 口型

双唇与牙齿张开，舌头微微后缩一些，气息经过舌面与上腭缓缓呼出体外。

2. 习练动作辅助

双臂自然抬起，手心朝下，沉肩坠肘，各关节放松、调息，动作缓缓向膻中穴、下丹田顺气，双手下落的同时开始呼气，并读"呵"字，呼气尽再吸气。稍休息，再做第二次动作，共"呵"6次为一遍。

3. 习练意念配合

以意领气，由脾经的隐白穴上行入腹，会于脾，络于胃，贯横膈，挟食管，系舌根，散舌下；其胃部支脉，贯膈注心，横出腋下，沿臂内侧后缘，经少海穴，达小指端少冲穴。

呵字诀发音口型图

动作分解

动作1 接上式。用鼻缓缓吸气，同时双掌小指轻贴腰际微微上提，指尖朝向斜下方；目视前下方。

侧面图

侧面图

动作2 双腿屈膝、下蹲，同时双掌缓缓向前下约45°的方向插出，双臂微屈；目视双掌。

动作3 微微屈肘收臂，双掌掌心向上，小指一侧相靠，成"捧掌"，约与肚脐相平；目视双掌掌心。

  侧面图   侧面图

动作4 双膝缓缓挺直,同时屈肘,双掌掌心向内、捧至胸前,两中指约与下颌同高;目视前下方。

动作5 两肘外展抬平,约与肩同高,同时两掌内翻,掌指朝下,指背相靠。

侧面图

动作6 双掌缓缓下插，口吐"呵"字音；目视前下方。

动作7 双掌下插至肚脐前时，微微屈膝下蹲，同时双掌内旋外翻，掌心向斜下方，缓缓向前拨出至双臂成圆；目视前下方。

动作8 双掌外旋内翻，掌心向上，至腹前成"捧掌"；目视双掌心。

动作9 双膝缓缓伸直，同时屈肘，双掌捧至胸前，掌心向内，两中指约与下颌同高；目视前下方。

动作10 双肘外展，约与肩同高，同时双掌内翻，指背相靠，掌指朝下；目视前下方。

动作11 双掌缓缓下插，口吐"呵"字音；目视前下方。
习练注意：重复动作7～动作11，4遍；本式共吐"呵"字音6次。

习练口诀

心源烦躁急须呵，此法通神更莫过。
喉内口疮并热痛，依之目下便安和。

习练提示

- 双掌捧起时鼻吸气；双掌下插、外拨时呼气，且口吐"呵"字音。
- 双掌相捧或向上导引时，必须做到手掌放松，五指自然并拢弯曲，而且"捧"姿要轻柔、舒缓。
- 内翻成"捧"状，可使肾水上升，以肾阳之水抑制心阳之火。

错误动作

错误1　双掌上提至腰部时，双掌平端。
正确练法　掌前略向下撇，指尖朝向斜下方。

错误2　双掌向下斜插时，手掌过高或过低。
正确练法　先屈膝下蹲，然后双臂微屈，双掌随之缓缓向前下约45°的方向插出。

错误3　双掌小指一侧相靠时，松肩落臂，手指僵硬伸直。
正确练法　肩臂保持自然放松，腋下虚空，双掌小指一侧自然相靠即可。

错误4　双臂屈肘，双掌捧起时，离身体太近，且挺胸抬头。
正确练法　屈肘时略低头含胸，双掌离身体大约10厘米，且两中指约与下颌等高。

错误5　掌背相靠时，双掌完全伸直，掌背完全靠在一起，手腕处几乎呈直角。
正确练法　双掌放松，自然弯曲，手腕处呈弧形，指背相靠。

错误4

健身功效

中医认为，"呵字诀"与心相应，而心主血脉、主神志。因此，习练此动作可以泄出心中浊气，调理心肾功能；而双掌的捧、翻、插、拨，肩、肘、腕、指各关节的连续性屈伸运动，不仅锻炼了关节，协调了其功能性，对于老年人的上肢骨关节退化等症也有很好的防治作用。

养生课堂

下丹田：气功学术语，三丹田之一，丹书中又常简称其为丹田，别称气海。位于脐下具体部位说法不一。

隐白穴：在足大趾末节内侧，距趾甲角旁0.1寸（指寸）。

少海穴：屈肘，在肘横纹内侧端与肱骨内上髁连线的中点处。

少冲穴：在小指末节桡侧，距指甲角0.1寸（指寸）。

第三式　呼字诀

发音练习

呼（hū），属喉音。

1. 口型

把口唇撮圆，同时舌体微微下沉，气息从喉部随之外呼，经过撮圆的口唇中间再慢慢呼出体外。

2. 习练动作辅助

随吸气，将双手从下丹田上提，手心向上，右手继续上提至膻中穴，双手内旋掌心翻下，右手继续翻转，向外上方托起，同时左手按下；右手上托至额前上方，左手下按至左胯旁，呼气尽。随即右手外旋使手心朝面部，从面前缓缓落下，同时左手外旋使手心朝身体一侧，沿胸腹上举，双手在胸前重叠，右手在外，左手在里，内外劳宫穴相对，然后左手上托，右手下按，做第二次呼气并读"呼"字，共"呼"6次为一遍。

3. 习练意念配合

以意领气，脾经之脉气起于隐白穴，沿大腿内侧上行入腹，达于脾，络于胃，抵肋间大包穴。

呼字诀发音口型图

动作分解

动作1 接上式。双掌向前缓缓拨出，然后双掌外旋内翻，掌心向内面对肚脐，五指自然张开，指尖斜相对，且双掌心间距约与掌心至肚脐距离相等；目视前下方。

动作2 双膝缓缓挺直,同时双掌慢慢向肚脐方向合拢,直至肚脐前约10厘米处。

动作3 双膝微屈、下蹲,双掌外展至掌心间距与掌心至肚脐距离相等,同时双臂成圆形,并口吐"呼"字音;目视前下方。

动作4 双膝再次缓缓伸直,同时双掌缓缓向肚脐方向合拢。
习练注意:重复动作3~动作4,5遍;本式共吐"呼"字音6次。

习练口诀

脾宫属土号太仓，痰病行之胜药方。
泻痢肠鸣并吐水，急调呼字免成殃。

习练提示

- 双掌向肚脐方向合拢时吸气，双掌向外展开时呼气，口吐"呼"字音。
- 掌心对着肚脐时，要避免掌心的高低带有随意性，且在动作的开合中要做到松肩、沉肘、虚腋。

错误1
错误2

错误动作

错误1　双掌向外拨出时塌腰，中心不正。
正确练法　外拨时，身体后坐，臂、掌外撑，手和腰反向运动。

错误2　双掌向内对肚脐时，掌心不能标准地对着肚脐，且手指随意散乱。
正确练法　双掌心的距离约与掌心至肚脐的距离相等，且掌心始终对着肚脐，指尖斜相对。

健身功效

中医认为，"呼字诀"与脾相应，而脾主导人体的饮食水谷，是人体后天精气的来源。因此，习练此动作可以泄出脾胃的浊气，很好地调理脾胃。另外，双掌与肚脐之间的开合，可以使腹腔形成较大幅度的舒缩运动，具有促进肠胃蠕动、健脾消食的作用。

养生课堂

大包穴：在侧胸部，腋中线上，当第6肋间隙处。

第四式　呬字诀

发音练习

呬（sī），属齿音。

1. 口型

上下牙门对齐，舌尖抵在下牙齿的内侧，气息主要从牙门和其他牙齿间的缝隙中慢慢呼出体外。

2. 习练动作辅助

十指相对，掌心向上，由腹前上提成托球状，至胸前双手翻转，掌心向外、向前，同时向左右展臂，推掌如鸟之张翼，展臂推掌的同时开始呼气、并读"呬"字，呼气尽，双臂随呼气之势从两侧自然下落。稍休息，然后再提起，做第二次动作，共"呬"次为一遍。

3. 习练意念配合

以意领气，使肝经之脉气从大敦穴上行至胸会于肺经，络大肠，再上行入肺，出中府穴，入腋下，行上臂内侧，下肘中，走寸口，出拇指内侧少商穴。随吸气之势，引天阳至二趾端之厉兑穴。

呬字诀发音口型图

动作分解

动作1 接上式。两掌自然下落，掌心向上，十指相对；双膝微屈；目视前下方。

侧面图

动作2 双膝缓缓挺直，同时双掌缓缓上托至胸前，约与两乳同高，指尖相对；目视前下方。

动作3 双肘下落，夹肋，双掌顺势立于肩前，掌心相对，指尖向上；目视前方。

动作4 两肩胛骨向脊柱靠拢，扩胸展肩，藏头缩颈；目视前斜上方。

动作5 双膝微屈、下蹲，同时松肩伸颈，双掌缓缓向前平推并逐渐转成掌心向前，口吐"呬"字音；目视前方。

动作6 双掌外旋，掌心转至向内，指尖相对，距离约等于肩宽；目视前方。

动作7 双膝缓缓挺直，同时双臂屈肘，双掌缓缓收拢至胸前，指尖相对；目视前下方。

习练口诀

呬呬数多作生涎，胸膈烦满上焦痰。
若有肺病急须呬，用之目下自安然。

动作8 双肘下落、夹肋，双手顺势立掌于肩前，掌心相对，指尖向上。

动作9 两肩胛骨向脊柱靠拢，扩胸展肩，藏头缩颈；目视前斜上方。

动作10 双膝微屈、下蹲，同时松肩伸颈，双掌缓缓向前平推逐渐转成掌心向前，并口吐"呬"字音；目视前方。

习练注意： 重复动作6～动作10，4遍；本式共吐"呬"字音6次。

习练提示

- 双掌外旋腕，指尖相对，缓缓收拢时鼻吸气，推掌时，口吐"呬"字音；呼气。
- 为了提高习练效果，要常笑，多喝水，饮食以清淡为主。
- 在做藏头缩颈的动作时，要肩上耸、颈下缩、下颌微抬，使颈部的软组织处于均衡用力当中。

错误动作

错误1　立掌、扩胸展肩、藏头缩颈等动作同时完成。
正确练法　先立掌于肩前,然后再扩胸展肩,最后再藏头缩颈。

错误2　立掌直接转成掌心前推。
正确练法　立掌在缓缓平推的过程中,逐渐转成掌心向前至亮掌。

错误3　藏头缩颈时,头完全后仰。
正确练法　头稍稍抬起,同时,下颌有一种内收的感觉。

健身功效

中医认为,"呬字诀"与肺相对应,而肺主导着人体的新陈代谢,调节着全身各脏腑器官之气。因此,习练此动作可以泄出肺部的浊气,锻炼肺的呼吸功能,调理肺脏,并促进气血在肺内的充分融合与气体交换。另外,立掌、推掌、松肩、展肩,可以刺激颈、肩、背周围的穴位,从而有效防治颈椎病、肩周炎和背部肌肉劳损等病症。

养生课堂

少商穴:在拇指末节桡侧,距指甲角0.1寸（指寸）。

厉兑穴:在足第2趾末节外侧,距趾甲角0.1寸（指寸）。

中府穴:在胸前壁外上部,当锁骨下缘,前正中线旁开6寸,云门穴下1寸,平第1肋间隙。

第五式 吹字诀

发音练习

吹（chuī），属唇音。

1. 口型

舌尖轻轻抵在上齿内侧，双唇和牙齿稍微张开，发ch；接着，张开的双唇微微闭合，舌尖放平，发u；最后，将双唇再稍微打开一些，同时舌尖轻轻抵在下齿内侧，发i。发生吐气时，气息从喉部呼出，经过舌的两边绕到舌下，再经双唇间呼出体外。

吹字诀发音口型图

2. 习练动作辅助

随呼气，由肾穴上提，经肾经之俞府，指尖朝下，两手提至胸前，随即向前画弧，撑圆，双手指尖相对，在腹前成抱球状，呼气时读"吹"字，同时屈膝下蹲，抱球下落，身体尽力保持正直，膝关节之垂线不超过足尖，提肛缩肾，小腹尽力后收，臀部上提，年轻者宜抱膝，年老体弱者抱至小腹呼至气尽，即可达吹气之势而起立吸气尽，身体立直如预备式。稍休息，做第二次呼气，共"吹"6次为一遍。

3. 习练意念配合

以意领气，使肾经之脉气，由涌泉穴出内踝前，循踝骨的后方下引入足根部，再沿大腿内侧上引，贯脊柱入肾脏、经膀胱，其肾脏向上过肝，贯膈，入肺中，沿喉上引挟舌根；另一支从肺输出，联络心脏，流注肠中，与任脉、心包经脉相接，经天地穴天泉，过肘中，入劳宫至中指尖中冲穴。

动作分解

动作1 接上式。双掌前推，随后松腕伸掌，掌心向下，指尖向前；目视前方。

动作2 双臂向左右外展，成侧平举，掌心斜向后，指尖向外；目视前方。

背面图

动作3 双臂内旋，双掌向后划弧至腰部，双掌掌心轻贴腰眼，指尖斜向下；目视前方。

动作4 双膝微屈、下蹲,同时双掌顺着腰骶、两大腿外侧下滑,口吐"吹"字音;目视前下方。

背面图

动作5 双臂撑圆，屈肘、上提环抱于腹前，掌心向内，指尖相对，约与肚脐平；目视前下方。

动作6 稍停，双膝缓缓挺直，同时双掌缓缓收回至腹部，并轻抚腹部，虎口相对，指尖斜向下；目视前下方。

动作7 双掌沿带脉向后摩运。

动作8 两掌摩至后腰，掌心轻贴腰眼，指尖斜向下；目视前方。

背面图

动作9 双膝微屈、下蹲，同时双掌顺着腰骶、两大腿外侧下滑，口吐"吹"字音；目视前下方。

动作10 双臂屈肘、上提，环抱于腹前，掌心向内，指尖相对，约与脐平；目视前下方。

习练注意：重复动作6～动作10，4遍；本式共吐"吹"字音6次。

习练口诀

肾为水病主生门，有疾尪羸气色昏。
眉蹙耳鸣兼黑瘦，吹之邪妄立逃奔。

习练提示

- 双掌顺着腰部下滑至环抱于腹前时，口吐"吹"字音，呼气；双掌向后收回、摩运至腰时以鼻吸气。
- 双手环抱于腹前时，要与肚脐等高，且双肘外撑，手臂呈圆形。
- 双臂前举或屈伸时，避免动作僵硬，要放松肩、肘、腕等关节。

错误动作

错误3

错误1 双臂外展，成侧平举时，以双手的上、下划动带动整个手臂的运动。
正确练法 以肩带肘，以肘带手，做双臂外开动作。

错误2 双臂划弧至腰部时，双臂由侧平举直接放到体侧。
正确练法 双臂内旋，从而带动双臂向后慢慢划弧。

错误3 双掌顺着大腿外侧下滑时，变成伸臂前举，且动作僵硬。
正确练法 双臂自然松垂，顺着大腿外侧下滑，体会滑落感。

养生课堂

涌泉穴：在足底部，蜷足时足前部凹陷处，约当第2、3趾趾缝纹头端与足跟中点连线的前1/3与后2/3交点处。

中冲穴：在手中指末节尖端中央。

健身功效

中医认为，"吹字诀"与肾相对应，而肾是人体的"五脏之根""生命之本"，其主要功能是藏精、纳气、主骨、生髓和主管血液。因此，习练此动作不仅能泄出肾之浊气、调理肾脏功能，还因为肾气的盛衰与腰部功能的强弱息息相关，所以通过双手对腰、腹的按摩，既可健肾壮腰，还可预防衰老。

第六式　嘻字诀

发音练习

嘻（xī），属牙音。

1. 口型

双唇和牙齿微微张开，嘴角稍后拉，舌尖轻轻抵在下齿内侧，气息从槽牙和其他牙齿间的空隙中慢慢呼出体外。

2. 习练动作辅助

随吸气，双臂从腹前上提，手心朝上，指尖相对，直至手到膻中穴，然后双手内旋翻掌，掌心向外，吸气尽；呼气时读"嘻"字，双手心向上托，直至头部前方，呼气尽；随即双手内旋使掌心向面部，指尖向上，双手自然下垂经过胆经的日月穴，由身体两侧引少阳之气下至第4趾端之足窍阴穴。共呼"嘻"6次为一遍。

3. 习练意念配合

以意领气，从第4足趾的足窍阴穴，经血墟、外血、环跳穴等穴，入三焦，上引经缺盆穴、肩井穴等穴，走手背到第4指关冲穴。

动作分解

动作1 两掌环抱，自然下落于体前；目视下方。

嘻字诀发音口型图

动作2 两掌内旋外翻，以掌背相对，掌心向外，掌指朝下；目视两掌。

动作3 双膝缓缓挺直，同时双臂提肘带手，经体前上提至胸前；目视前下方。

动作4 随后，双手继续上提至面前，分掌、外开、上举，两臂成弧形，掌心斜向上；目视前上方。

动作5 双臂屈肘，双手经面前收回至胸前，约与肩同高，掌心向下，指尖相对；目视前方。

动作6 然后，双腿微屈、下蹲，同时双掌缓缓下按至肚脐前，两臂撑圆，并口吐"嘻"字音；目视前方。

动作7 双掌随之向下、向右外开至左右髋旁约15厘米处，掌心向外，指尖斜向下，"嘻"字音由上动作持续到本动作结束；目视前方。

动作8 双掌掌背相对、掌心向外，合于小腹前，指尖向下；目视两掌。

动作9 双膝缓缓挺直，同时双臂提肘带手，经体前上提至胸前；目视前下方。

动作10 随后，双手继续上提至面前，分掌、外开、上举，双臂成弧形，掌心斜向上；目视前上方。

动作11 双臂屈肘，双手经面前回收至胸前，掌心向下，指尖相对，约与肩同高；目视前方。

动作12 然后，双膝微屈、下蹲，同时双掌缓缓下按至肚脐前，且开始口吐"嘻"字音；目视前方。

习练口诀

三焦有病急须嘻，古圣留言最上医。
若或通行土壅塞，不因此法又何知。

习练提示

- 提肘、分掌、外展、上举时鼻吸气；双掌从胸前下按、松垂、外开时呼气，口吐"嘻"字音。
- 双臂的上举或侧平举，切忌直臂、僵硬，首先要使双臂的肩、肘、腕等关节自然放松，其次要以肩的力量带动手、肘、腕的运动，最后，上举时要松肩坠肘，侧平举时提肘下垂前臂。

动作13 双掌随即外开至髋旁约15厘米处，掌心向外，指尖斜向下，从上一动作开始的"嘻"字音到此动作结束；目视前方。

习练注意：重复动作8～动作13，4遍；本式共吐"嘻"字音6次。

养生课堂

日月穴：在胸部，当乳头直下，第7肋间隙，前正中线旁开4寸。
足窍阴穴：在足第4趾末节外侧，距趾甲角侧后方0.1寸（指寸）。
环跳穴：在股外侧部，侧卧屈股，当股骨大转子最凸点与骶骨裂孔连线的外1/3与中1/3交点处。
缺盆穴：在锁骨上窝中央，前正中线旁开4寸处。
肩井穴：在肩上，前直乳中，当大椎穴与肩峰连线的中点上。
关冲：在手环指末节尺侧，距指甲角0.1寸（指寸。）

错误动作

错误1　双掌自然下落于腹前时,双臂前摆,直膝起身。
正确练法　双臂与身体平行,且双膝微屈。

错误2　双掌内旋外翻时,外翻不充分,因而手背朝向斜前方。
正确练法　掌背相对,指尖向下,掌心向外。

错误3　掌背相对时,紧贴于一起。
正确练法　双掌掌背间有一定距离,约相距为5厘米。

错误4　双臂上提至胸前时,忽略提肘带手的动作,或高度不够,或双手在身前直接打开。
正确练法　提肘带手,双臂上提至胸前。

错误5　双臂上举时,上举的双臂太直,僵硬。
正确练法　双臂呈弧形,掌心斜向上。

错误6　双掌内合下按时,双肘下垂,且双掌未经面前而直接下落到肚脐前。
正确练法　先屈肘,双手经面前收回至胸前,再缓缓下按至肚脐前。

健身功效

中医认为,"嘻字诀"与少阳三焦之气相对应,而三焦总领人体的五脏六腑、经络、内外、上下之气。因此,习练此动作具有疏通少阳经脉、调和全身气机的功效。另外,通过提臂、分掌、外开上举、内合下按等动作,达到调和全身气血的作用,而对于由三焦不畅而引起的眩晕、耳鸣、喉痛、胸闷等也有很好的驱除功效。

收势

动作分解

动作1 接上式。双手外旋内翻，转掌心向内；目视前方。

动作2 双掌缓缓抱于腹前，虎口交叉相握，轻覆肚脐，同时双膝缓缓伸直；目视前下方。

动作3 静养片刻。双掌以肚脐为中心揉腹，顺时针6圈，逆时针6圈；目视前下方。

动作4 双掌松开，双臂自然下落，垂于体侧；目视前方。

习练提示

- 形松意静,收气静养。
- 习练一整套后,如果大汗淋漓,或身体感到疲惫,那就表示运动量过大,应该减少运动量或时间。
- 习题结束后,一定要做好收功活动,否则会对身体不益。比如,可以散散步,每分钟约行70步即可;还可用手掌或握空拳拍打全身,先左后右,先上后下,力量由轻加重,等等。

错误动作

错误　双手交叠揉腹时,左右手上下位置不正确。
正确练法　女性左手在上,男性右手在上。

健身功效

　　通过在安静状态下的呼吸吐纳、运气发声、按揉脐腹等动作,可以起到引气归元的作用,从而使习练者由练功状态恢复到正常状态。